駒澤大学教授・臨床心理士
八巻 秀［監修］

定年後の人生を変えるアドラー心理学

Adler's Bar へようこそ

The New Fifties
講談社

はじめに

アドラーズ・バーへようこそ！

ここは、カウンターだけの小さなバーです。

私がこのバーを開いてから、早いものでもう30年以上が経とうとしています。

いらっしゃったお客さまとは、カウンター越しではありますが、お一人お一人とゆっくりお話しすることができるのが、このバーのよいところでしょうか。

隠れ家のような奥まった場所にあるせいか、お客さまは、私と同世代である50代から60代の男性の方が多いようです。もちろんみなさん、いろいろな人生経験をしてきた方ばかり。

これまでも、たくさんのお客さまとお話しすることができました。

このバーの空間で、そのようなお客さまとお話しする時間は、私にとって楽しくもあり、考えさせられることもあり、ある意味人生の学びにもなる、とても意義ある充実した時間でもあります。

お客さまによっては、日常の中のいい気分転換になったかもしれませんし、ある方にとっては、もしかしたら、人生における重要な岐路の選択をしたとも言える場面になったかもしれません。

この本には、そのようなお客さまと私との会話の一端が描かれています。ご自分自身のこと、ご家族のこと、お仕事のことなど、話の内容はさまざま。

特にお仕事での「定年」という節目を巡って、いろいろな不安や不満、迷いを抱えている方が多いように感じました。人生の後半を迎えるにあたって、老いと向き合い、来し方を振り返り、みなさま思うところはさまざまなようです。

私は決して会話上手とは言えませんが、そのようなお客さまのお話をうかがいながら、いつのまにか会話そのものを、楽しめるようになってきているとも思います。

実は、趣味の延長のようなものですが、ある「心理学」を学び続けてきたことも、お客さまとの会話を楽しめるようになった要因の一つかもしれません。

その心理学とは「アドラー心理学」。

「アドラー心理学」は、約100年前にヨーロッパやアメリカで活躍したオーストリアの精神科医・心理学者であるアルフレッド・アドラーが提唱した心理学のこと。「個人心理学(Individual Psychology)」というのが正式名称なのだそうですが、個人心理学というと、個人を分析したり、個人のみに焦点を合わせるように誤解されやすいので、日本では、「アドラー心理学」と呼ばれることが多いようです。

この心理学の基本的な考え方は、以下のようにまとめることができます。

「他者と争うことをしないで、助け合って暮らしていくこと。そのために、自分にできることをしていくこと。そうしていくことが、人として幸せに生きていくということである」

この考え方・思想を実現するために、さまざまな理論・技法・さらなる思想が、現代アドラー心理学においても紹介され続けています。

2013年に『嫌われる勇気――自己啓発の源流「アドラー」の教え』（岸見一郎・古賀史健著、ダイヤモンド社刊）というアドラー心理学を紹介した本がベストセラーになってから、一般の人たちにも注目されるようになった心理学ですが、このように、人が幸せになるための思想がベースにある心理学なのです。

「どんなときでも、自分に何ができるかを考え、実行すること」

この考え方は、困難な状況に限らず、人生に取り組む際の基本的な考え方でもあります。

常にどんなときでも「自分に何ができるか」「これからどうするか」と考えられるように

なることが、アドラー心理学がすすめる人生に取り組んでいく態度なのです。

私もこのアドラー心理学を学び始めてから、生きやすくなったと言ったらちょっと大げさですが、少なくとも、いろいろな出来事に対して「悩む」ということを、恐れなくなりました。


生きるために、アドラー心理学はいろいろなヒントを与えてくれています。「定年」という節目を巡って生まれるさまざまな思いをきっちり受け止め、人生に取り組む新たなヒントを必ず与えてくれるはずです。

そんなアドラー心理学の考え方を、この本の中に登場するお客さまと私との会話を通して、感じとっていただければと思います。

どうぞ、この本を読みながら、アドラーズ・バーで生み出されるアドラー心理学の世界をお楽しみください。

目次

はじめに……2

Chapter 1 現役生活からの脱却

No.1 年下ばかりの職場になじめない……10
アドラー心理学講座1 リスペクトから始まる横の関係……17

No.2 今までのつき合いは肩書があったから?……18
アドラー心理学講座2 目的論……25

No.3 何もやることがない……26
アドラー心理学講座3 量的な成功から質的な幸福へ……33

No.4 現役で活躍する人をひがんでしまう……34
アドラー心理学講座4 対他競争と対自競争……41

No.5 自分は一体、何をしてきたのだろう……42
アドラー心理学講座5 主観的意味づけ……49

マスターのひとりごと……50

Chapter 2 子どもと老親

No.6 独身の娘が心配……52
アドラー心理学講座6 課題の分離……59

Contents

No.7
引きこもりの息子が心配……60
アドラー心理学講座7
共同体を広げる……67

No.8
親の教育のせいでこんな人間になった、と言われた……68
アドラー心理学講座8
劣等感と劣等コンプレックス……75

No.9
子どもが会いに来てくれない……76
アドラー心理学講座9
縦の関係と横の関係……83

No.10
認知症の親にイライラしてしまう……84
アドラー心理学講座10
怒りとは二次感情……91

No.11
介護が原因で兄弟仲が険悪に……92
アドラー心理学講座11
家族会議……99

No.12
実家の母を、老人ホームに入れてしまったが……100
アドラー心理学講座12
悪いあなたとかわいそうな私……107
マスターのひとりごと……108

Chapter 3
妻と男心

No.13
妻ともう一度向き合いたい……110
アドラー心理学講座13
勇気づけの言葉……117

No.14
妻のことをひがんでしまう……118
アドラー心理学講座14
PとN……125

No.15
離婚をせまられた。一人でどうやって生きていけばいいのか…… 126
アドラー心理学講座15
他者（社会）貢献 133
No.16
若い人に恋心を抱いてしまった 134
アドラー心理学講座16
行動の結末を予測する 141
マスターのひとりごと 142

Chapter 4

老いと人生

No.17
老いていくのが怖い 144
アドラー心理学講座17
自己決定性 151
No.18
盗撮グセがやめられない 152
アドラー心理学講座18
優越性への追求 159
No.19
精力がめっきり弱くなってしまった 160
アドラー心理学講座19
ライフタスク 165
No.20
ガンになり、余命宣告をされた 166
アドラー心理学講座20
楽観主義 173
あとがき 174

Chapter 1

現役生活からの脱却

No.1

年下ばかりの職場になじめない

渡辺氏
63歳（既婚）
妻との二人暮らしで、子どもはいない。定年後は週に3回、飲食店でアルバイト生活。スポーツ観戦が趣味。

マスター いらっしゃいませ。

渡辺氏 半年前から週に3回ぐらいここの前を通ってはいたんですけど、今日初めて来ました。

マ そうですか。ご来店、ありがとうございます。

渡 えっと……麦焼酎お湯割り。

マ かしこまりました。では今日は、お仕事帰りですか？

渡 ええ。隣の飲食店でバイトしてるんですよ。

マ そうですか。お隣で。お仕事はいかがですか？　大変ですか？

渡 大変てことはないんですけど。まあ、やりづらいですね。はっきり言って。

マ おや、やりづらいですか。

渡 厨房《ちゅうぼう》にいるんですけど、まわりは若い人ばかりで。なじめないというか……。はは……、なんかすみませんね。溜まってんのかな。ついいきなりベラベラと。

マ　いえ、いいんですよ。よかったら話してみてもらえますか。

渡　すみませんね、初対面で。要するにですね、ないがしろにされてるって感じるんですよ。もちろん私は経験が浅いし、みなさんに教わることばかりです。それはいいんです。当然です。初めからわかってたことです。そういうのではなく、年寄り扱いされてることが気になるんですよ。

マ　たとえばどんなこと？

渡　この間、新人の嘱託社員が入ったんですよ。25歳の子で。そうしたら私の知らない間に歓迎会をやってたんです。やったことが後でわかったんですが。そりゃあ、誘われたら断ったかもしれませんよ。若い人とは話も合わないでしょうしね。でも、こっそりやることはないでしょう。

マ　たしかに。それは寂しいですね。で、実際のところ、若い人たちと話が合わないと思いますか？

渡　どうかな。合っているか、合っていないかもわかりませんね。話すリズムとか、笑うタイミングとか、若い人とはちがうなと、定年前の職場でも感じてはいましたけど、若者の言葉なんて、話が合う合わない以前に暗号ですから。

マ　ははは。暗号だなんて、おもしろいですね。

渡　笑いごとじゃないですよ。ガンダとかイチキタとか。この間の休憩時間中も、私の理解していない表情を見て、さらにわざとらしく使っている感じがしましたね。

マ　ガンダ、イチキタ……。どういう意味ですか？　私もわかりません。

渡　ですよね！　帰ってから調べましたよ。ガンダはガンガンダッシュ。イチキタは一時帰宅のことだそうです。

マ　ほお、なるほど〜！　そりゃあ暗号ですね。ははは。

渡　あと、そうだ、この間も、店長にちょっとアドバイスしたんですよ。人生経験だけは私も長いですからね。リスク回避の考え方を話したんです。そしたら大事なことは3つあると前置きしたのに、2つ目まで話したところで「そうですか、なるほどよくわかりました、ありがとうございました」なんて言うんですよ。

マ　ほう。「3つ目はまだだろ！」ですね。

渡　そうです！　内心つっこみましたよ。深く頷きながら聞いてはいたけど、上の空だったんでしょうね。要するに私はリスペクトされてないわけですよ。

マ　なるほど。リスペクトですか。

渡　今日なんて、副店長に向かってどなりましたし……。

マ　えっ。どうしたんですか。

渡　いきなり来て「これも急いでやってください」って言うからムッときて、「今はこっちをやってるんだから、一度に無理だよ！」ってね。言い返しました。

マ　それで、どうなりました？

渡　その場の空気がシーンとなってしまったので気まずくなり、結局、怒りをこらえて私が指示に従ってやりましたよ。

マ　いきなり言われたから、腹が立ったんですか？

渡　いや、言い方ですね。「○○してもらえますか？」とか言われれば、一方的に言われたように思いません。

マ　そうですね。「してください」は命令口調、「してもらえますか」はお願い口調ですよね。命令口調で言われたら、そりゃあ腹が立ってもおかしくありませんね。

渡　そうですよ！　命令されるから腹が立つんだ！

マ　ところで、さっき「リスペクト」っておっしゃいましたよね。和訳すると「尊敬」って意味ですが、そもそもreは「振り返って」、spectは「見る」という語源に由来し、「相手をよく見て、認める」という意味を持つんですよ。尊敬は縦の関係で使う言葉ですが、**リスペクトは横の関係**なんですよね。**年齢や役職はちがっても、人間の尊厳にちがいはあ**

りません。心理学者のアドラーも、対等に尊重し合う大切さを主張しているんですよ。サッカーでも、お互いをリスペクトし合うチームって強いですよね。

渡 たしかに。

マ ちなみに、ご自身は店長を「リスペクト」してます？

渡 うーん、どうだろう？

マ では、店長のいいところを、たとえば3つ。言えますか？

渡 えーと、頭の回転が速い。部下のことをよく見てる。あとは……。

マ **アドラーは、自分が相手を尊重、つまりリスペクトしてこそ、自分も尊重してもらえると考えます。**ですから、もう一度店長を見直して、リスペクトしている点を、素直に伝えてはいかがでしょう。たとえば「店長、部下のこと、よく見てますね」とか。

渡 ほぉ。じゃあ、飲み会などで、相手のいいところを話すのもありなのかな。

マ ありです。むしろそれでいいと思います！　それが**「会話」でなく「対話」**です。

渡 対話？

マ 会話は、お互い話したいことを話し合う情報合戦。一方、**対話は、相手がどんな人でどんな興味を持っているのかを、知ろうとすること**です。

渡 ははあ。難しそうだな……。

マ　簡単ですよ。テレビの話でも何でもいいんです。それを見て相手がどんなふうに感じたか、それに対して自分はどう思うか、それを話し合うんです。そうすると、その人の性格や持ち味がわかって、新たなリスペクトが生まれます。

渡　しかしなあ、暗号言葉で話されちゃなあ……。

マ　わからなければ、無理をすることはないですよ。むしろ正直に「何だ、その暗号言葉は！」と、つっこみを入れてみたらどうでしょう。私が笑ってしまったように、笑いが起きるかもしれませんよ。年齢のギャップを逆手にとって、自虐ネタにしてしまうんです。

渡　なるほど。それは私にしかできないネタだな。

マ　そうですよ、あなたなら笑いにできますよ！　で、さっきの副店長の話。これは副店長にはっきり言葉で言ったほうが、お互いにいいと思いますね。

渡　どなった件ですか？　何て言えばいいですかね？

マ　思ったことを、そのまま言葉で伝えればいいんですよ。「そういう言い方をされるとつらいな。○○してくれない？　みたいな感じに、言ってくれたほうがいいな」とかね。そこでこちらが、**命令口調になったりどなったりしてしまうと、また縦の関係が出てきてしまいますから、あくまでも冷静に、お願いするように伝えるんです。**

渡　はあ。今から修復できますかね。

マ できますよ。全く問題ないです。気になるなら一言謝ればいいんです。「こないだは、ついどなっちゃってごめん」ってね。若い人は、つい縦の関係になろうとしますからね。それを変えられるのはやっぱり、年の功ですよ。

渡 そうですかね。いやあ、今日来てよかったです。マスターをリスペクトします。

マ あはは。ありがとうございます。ぜひリスペクトから始まる横の関係を、職場でも広げてみてください。

アドラー心理学講座1

リスペクトから始まる横の関係

アドラーは大人も子どもも、上司も部下も、人間性に上下差はなく、お互いに対等な、横の関係を築くべきだと言っています。それにはリスペクトが欠かせません。自分との関係がよくない相手の長所を探してみてください。欠点ばかりが目につく人でも、必ず持ち味はあるはずです。リスペクトするためには、相手をよく見てみることから始めましょう。

「横の関係」をつくる4つのキーワード

横の関係を築くには、リスペクトから始めるとよいとされます。

①リスペクト

人間の尊厳にちがいがないことを受け入れ、礼節を持った態度で接すること

②信頼

根拠を求めずに一人の人格として無条件に相手を信じること

③協力

お互いのちがいを受け入れつつ、みんな対等の存在であると認めること

④共感

常に相手の置かれている状況、考え方、意図、感情などを考えること

No.2

今までのつき合いは肩書があったから？

斎藤氏
61歳（既婚）
食品系企業の部長職を務めていたが、1年前に定年退職。登山などアウトドアが好き。妻と娘との3人暮らし。

マスター　いらっしゃいませ。

斎藤氏　…………。

マ　斎藤さん？　どうされました？

斎　はあ……ショック……。つき合いってこんなもんなんですかねえ。

マ　ははは。その様子だと、だいぶへこんでますね。

斎　私がこれまで、部下たちとキャンプや登山行ったりしてたの、知ってますよね。

マ　ええ、仲のいいメンバーだって聞いてましたよ。斎藤さんが定年退職されたのは1年くらい前でしたっけ？

斎　そう。ちょうど1年前です。みんなで富士山に登った後。あのときは、来年もみんなで行こうと言ったんですけどね。

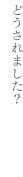

マ 今年はまだなんですか?

斎 それが、私抜きで行ってたんです! 誘いの連絡がないので、どうしたのかなと思って、さっき部下のSNSを検索してみたら写真があって……。

マ そうですか、それはショックですね……。

斎 在職中はよくみんなで飲みにも行ったし、家族ぐるみのつき合いもあったんです。「退職されてからも誘いますから、家に引っこまないでくださいよ」なんて言ってくれたんですが……。この1年、一度も誘いはありませんでした。

マ そうなんですか。ま、ひとまずビールでもいってくださいよ。冷えてますよ。

斎 あ、どうも……。はあ〜、全部社交辞令だったんでしょうか……。

マ いやあ、それはないでしょう。

斎 今時の若者は、上司と社外でつき合ったり飲んだりは毛嫌いするなんて話をよく聞くじゃないですか。でもそうは言っても、自分は部長としては人気があるほうなのかな、と思ってたんですが。

マ 人気があったんじゃないですか? 以前お話を聞くたびに、楽しそうな様子が目に浮かぶようでしたよ。

斎 じゃあ、なんで連絡がないんですか?

マ うーん、遠慮してるとか。

斎 メールアドレスや電話番号は知ってるんですから、一度くらい連絡があってもいいと思いませんか。やっぱり、在職中の飲み会も、単に「部長命令」ってことで集まっていたのかもしれないですね……。

マ 斎藤さんから連絡はしないんですか？

斎 できませんよ。もっと早くにメールでもしておけばよかったのかもしれませんが、ここまで間が空いてしまうと、しにくくなってしまいました。

マ そうですかねえ。ネガティブに考えすぎじゃないですか？

斎 だって、唐突すぎませんか？　彼らの間で、「おい、斎藤さんからメールが来たぞ！　どうする？」なんてことになったら、いたたまれませんよ。

マ 斎藤さんは、メンバーたちと普通りのつき合いをしたいんですよね。

斎 ええ。でも、無理してつき合ってもらいたいとは思っていません。望まれているなら、そんな嬉しいことはないですが、迷惑がられているなら、べつにそこまでは……。誘ってほしいのかと思われるのも嫌ですし。

マ 迷惑だなんて、そこまで極端に考えなくて大丈夫ですよ〜。そうだなあ、じゃあ、軽い差し入れなんてのはどうですか。「ふらっと出かけたら、会社のことを思い出したんだ」とか言って、お土産を送る、とか。

斎 ふーむ……。そういえば、故郷で果樹園をやっている友人が、今年から梨づくりを始めたそうなんです。「試しに送るよ」と言われまして、たしかそろそろ届くころです。

マ ああ、それいいんじゃないですか！　全然わざとらしくないですよ。故郷の梨、送りましょうよ。

斎 そうですか？　でもやっぱり気を使われる結果になりませんか？

マ じゃあこれはどうでしょう。仲良くしていたメンバーの中で、特に親しかった人はいませんか？

斎 うん、まあ、それくらいはいます。

マ だったらその人だけに連絡とってみるのはどうですか？　メールアドレスとか、わかりますか？

斎 わかります。

マ 久しぶり〜って感じで、二人で会ってみては？

斎 それで？

マ 友人が梨づくりを始めたことを話しつつ、その流れで職場に差し入れに送りたい話をするんですよ。

斎 なるほど。

マ いいじゃないですか。メールしてみましょうよ。一人で悶々としてたってしょうがないですもん。

斎 そうですね。

マ 人間てね、過去のことを考えていると、悪いことばっかり思い出しちゃうそうですよ。そして、どんどんネガティブになっていく。

斎 ほう、そういうものでしょうか。

マ そうですよ。ちなみに、ポジティブに考えた場合、想定できることをお話ししましょうか。

斎 はい。

マ まず、みなさんは基本的にお忙しいですよね。後任の新しい部長が来て仕事のやり方が変わったりして、バタバタしているんじゃないでしょうか。だから、富士登山に斎藤さんも一緒にと思っていたけど、いつの間にか7月になってしまって、連絡できなかっただけかもしれません。

斎 うーん、たしかに忙しいからなあ。

マ それとも、斎藤さんに連絡をとりたくても、誰がしたらいいかわからなかったかもしれません。彼らのほうも、誘ったら斎藤さんに迷惑がられるんじゃないかと思っているのかもしれません。

斎 ほお。たしかに彼らのほうの気持ちは考えてなかったですね。

マ 新しい部長に遠慮して、連絡がとりにくい、ということもありますよね。

斎 ああ、そういうこともありますね……。

マ そうです。ね、理由はいろいろ考えられるでしょう?

斎 つまり私は、在職中のメンバーとの過去のやり取りだけを思い出して、社交辞令とか部長命令とか、ネガティブな想像をしていた、ということですね。

マ 心理学者のアドラーの考え方は、「**未来志向**」です。**どうしてそうなったか、という原因を過去に求める「原因論」ではなく、未来を考えようという「目的論」の発想**です。

斎 ん? よくわからないのですが……。

マ 「部長」っていうのは、過去の肩書じゃないですか。

斎 そうですね。

マ 彼らと楽しくやりたいのであれば、**過去の関係は忘れて、今、そして未来のこれからの彼らとの関係を築いてみてはいかがでしょう**、ってことです。

斎 そんなにうまくいくでしょうか。彼らにとっては元上司なわけですし。

マ もし仮に、残念な結果になったとしても、そのときはそのとき。別にいいじゃないですか。

未来志向で、また新しい仲間をつくりましょうよ。

斎　わかりました。「目的論」の発想でやってみます。

マ　応援しています。職場のみなさんとでも、新しい仲間とでも、またぜひお越しください。

アドラー心理学講座 2

目的論

心理学者のフロイトが提唱しているのが、過去を振り返って原因を探ろうとする「原因論」。対してアドラーは、目的に向かって、今何をすべきか考える「目的論」を提唱しています。人間の行動には必ず目的があります。悩んだときは未来に目を向け、自分の目的を達成するにはどうしたらよいかを考えてみましょう。

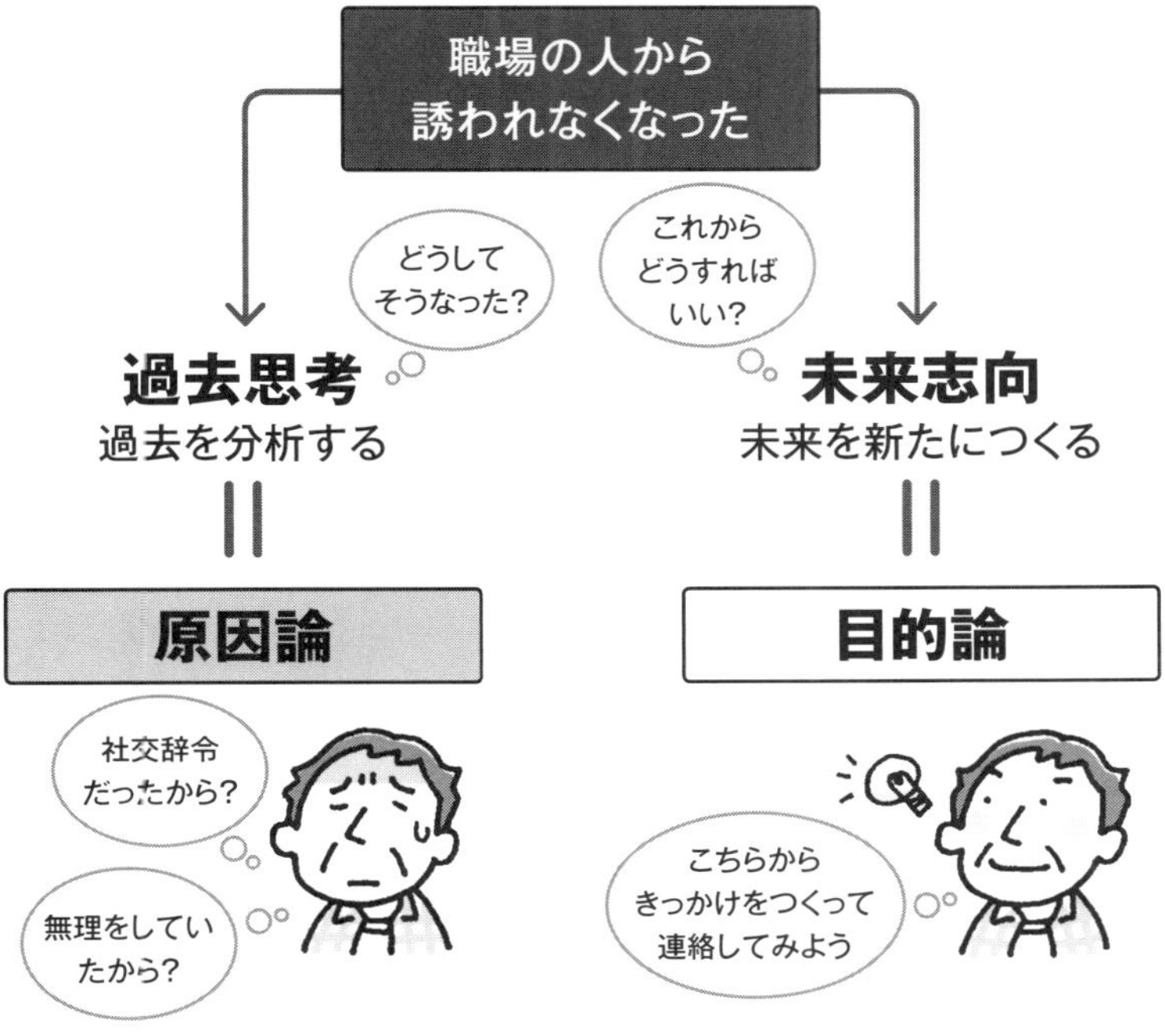

No.3

何もやることがない

佐藤氏
61歳（既婚）
現役時代はバリバリの営業マンだったが、1年前に定年退職。妻との二人暮らし。趣味は特にない。

マスター　いらっしゃいませー。水割りダブルで？

佐藤氏　嬉しいね。俺のいつものやつ、覚えてくれてたんだ。

マ　もちろんですよ、佐藤さん。ちょっとご無沙汰でしたかね。

佐　俺が退職したのがちょうど1年前だからね。それ以来かな。

マ　悠々自適、のんびりって感じですか？

佐　言葉にするとそうなるのかもしれないけど、なかなかつらいね。

マ　おや、どうしました？

佐　どうしたって聞かれたら、どうもしない、何にもないとしか言えない。何もすることがないんだよ。つらいというか……。虚《むな》しい。

マ　ほう。そんなもんですかね。私なんて休みが欲しくて仕方ないですけどね。

佐 俺だって在職中はそうだったよ。何もしない日を過ごすのが夢だったからね。

マ また仕事したいんですか？

佐 いや、仕事はしたくない。したくないんだけど、しないのもつまらないっていう、何とも困った状態だよ。

マ 奥様はどうされてるんでしたっけ。

佐 妻は、元気だよ。近所の人と食事に行ったり、友達と芝居や展覧会に行ったり。でも俺は、昔から趣味がない人間でね。なんでかなあ。

マ 昔、お父さんとプラモづくりやったって言ってませんでしたっけ。

佐 小学生のときだけだよ。中学・高校は、部活も特にやらなかったし。何かやっておけばよかったのかなあ。

マ 今こそプラモづくりの趣味を復活させるときなんじゃないですか？

佐 やったよ。半年前に。ふと思い出して。でもね、目は悪くなってるし、ものすごく肩がこるんだよね。30分も耐えられなかった。それにさ、最近のプラモって、組み合わせがぴったりなんだよ。昔はバリって言って、余計な出っ張りがあったし、合わせ目に段差ができることもあったよね。

マ ありましたね！　爪切りで切ったり、ヤスリで削ったり。

佐 そう！ そういう調整も楽しかったんだけど、今のプラモは完璧すぎるな。まあ、だからと言って、今の俺の目と肩じゃ、どっちみち無理なんだけどね。

マ 佐藤さん、これ飲んでみて。私のおごりです。

佐 何これ。ビール？

マ クラフトビール。ちょっと前には地ビールって言ってたやつです。ホップや発酵法にこだわって個性を出してますよ。これは果実香があって苦みが強いスタイル。

佐 なるほどねー。地ビールはちょっと高いし、飲んだことなかったよ。

マ 話は戻りますが、佐藤さんは、要するに電車から降りたんですね。

佐 電車から降りた？

マ **会社っていう電車に乗ってたけど、降りて徒歩になった。**会社っていう電車は、向かっていく先がはっきりしてるじゃないですか。事業計画とかを立てて、それに向けて走るわけですから。

佐 そうだね。

マ でも佐藤さんは会社から降りたから、佐藤さんの行く先は、会社の行く先と同じではなくなった。

佐 なるほど。だから行く先がわからなくて、今後が不安なのか。

マ 佐藤さんは、徒歩より電車が好きですか？

佐 好き嫌いじゃなく、電車は速いし楽だからね。電車に乗るよ。

マ 今もですか？

佐 うん。……実はさ、会社辞めてまもなく、1駅分歩いてみたんだよね。

マ ほう、歩いたんですか。どうでした？

佐 岩川町から桃木町まで歩いたけど、まあ、こんなもんかという程度だね。会社勤めしてたころは、ここを歩くとどんなかな、と興味もあったけど、いざ歩いてみると、どうってことないよ。知ってる場所なんだから。

マ じゃあ、知らない場所を歩いてみたら？

佐 まあ今ちょっと思っているのは、今度地下鉄の上の、地上を歩いてみようかなあなんてね。在職中は、打ち合わせのための外出で地下鉄を使ってたんだけど、地上をどう歩けばそこへ行くのか、見当もつかなかったからね。

マ なんだ、何もすることがないと言いながらも、佐藤さん、ちゃんと目的を探してるじゃないですか。

佐 目的？

マ　はい、心理学者のアドラーの言う「**目的論**」（P.25）です。**人間の行動はすべて「目的」にもとづいているという考え方で、つまずいたときはその「目的」を見つめ直してみるといいんです。**

佐　ほう。で、俺の目的は何なの？

マ　佐藤さんの目的は、今のところ**量的な成功**でしょうね。

佐　量的な成功……。

マ　会社ってつまるところ、成長を目的とする組織だから、量的な成功がすべてですよね。つまり、結果で出た数字が成功となる。

佐　そういうことだな。

マ　でも、1駅歩いても、何も量的な成功を得られなかった。だから、大したことがないと感じたんじゃないでしょうか。ただ、考えてみてください。会社から降りた佐藤さんに、量的な成功は必要でしょうか。数字や成績より、発見なんかから感じる、**質的な幸福**を求めたほうが楽しそうじゃありませんか？

佐　質……。

マ　さきほどおっしゃっていた地下鉄の上を歩くって、すごくおもしろい発想だと思います。だから佐藤さん、歩くことに質的な幸福を求めれば、充実感が得られるかもしれませんよ。

ゆっくり歩くからこそ、気づくところに目を向ける。草花とか、人の生活とか、店を覗《のぞ》いてみるとか……。

佐 そうか……。俺、会社から降りたのに、量的な成功を求めることを引きずってたのかもな。

マ そうですよ。**考え方を質的な幸福を求めるほうに変えれば、楽しめることが見つかると思いますよ。**さっきのプラモの話でも思いましたけど、佐藤さんは、細かいところに目の届く人ですよね。小さなことでも、質的な幸福を感じられる人ですよ。きっと。

佐 なるほどねえ。

マ 飲みには出かけないんですか？

佐 出かけない……。一人じゃ、なかなかね。今日が本当に1年ぶりだったんだよ。

マ そうですか。思い出していただいて、ありがとうございます。

佐 いや、こちらこそ。話ができて、気持ちが明るくなったよ。

マ だったら地下鉄の上を歩いたとき、思い切って飲み屋開拓をしたらどうですか？　昔はここへ来て、愚痴も含めて仕事の話、いろいろしてくれたじゃないですか。

佐 そうだったな。

マ 実はね、一人で仕事してる私たちのうらやましいところでもあるんですけど、会社員て何かすれば評価してくれる人がいるじゃないですか。よくも悪くも。

今、佐藤さんは、まわりにそういう人たちがいなくなったから、虚《うつ》ろな気持ちになっているのかもしれませんよ。だから今度は、**質的な幸福を共有できる仲間をつくって、お互いに話せる場に行けばいいんじゃないですか？** 時間はあるんだから、ゆっくり探せばいいと思います。

佐 そうか。地下鉄地上散歩と飲み屋訪問か。

マ 会社のホワイトボードに書く、行き先メモみたいですね。

佐 あはははは。それもそうだな。まだ頭の中には量的世界があるのかな。

マ しょうがないですよ。まあ、少しずつ切り替えていけば、いいんじゃないですか？

佐 そうだな。少しずつだな。

マ 飲み屋のオリジナルガイドブックとかつくってみたらどうでしょう。

佐 なるほど。それはおもしろそうだ。じゃあ、さっきとは別のクラフトビールをもう一杯。

マ かしこまりました。

Adler's Bar

アドラー心理学講座 3

― 量的な成功から質的な幸福へ ―

「どれだけ成果が上がった」「どれだけ儲かった」と、形や数字で見える成果が量的成功。一方、「どれだけ楽しめたか」「どれだけ学べたか」と、心で得られる達成感が、質的幸福です。アドラー心理学では、質的幸福を求めることで、成功とは関係なく、生きていること自体が幸福と感じられるようになる、と考えます。

現役のころ

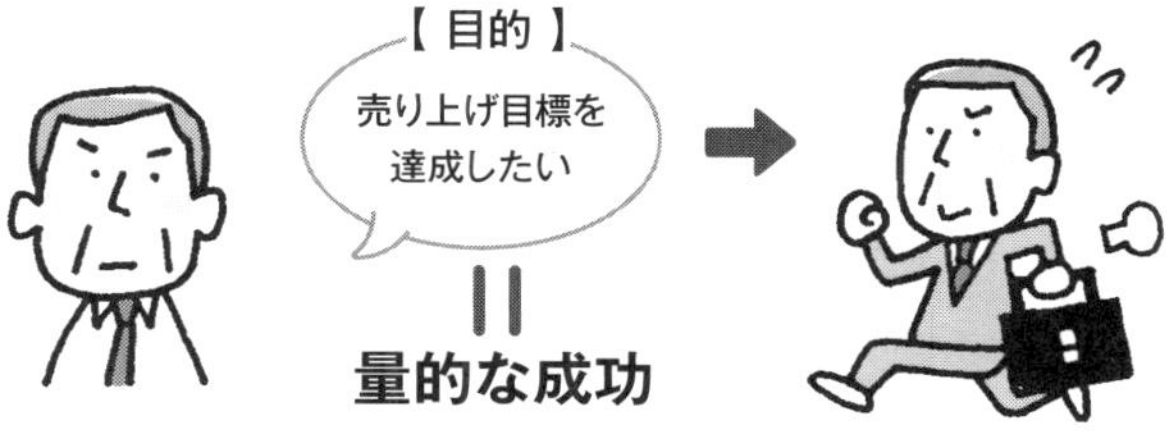
【目的】
売り上げ目標を達成したい
＝

量的な成功

数字として明確に表される。
ゴールに到達することを目的とする。

退職後・現在

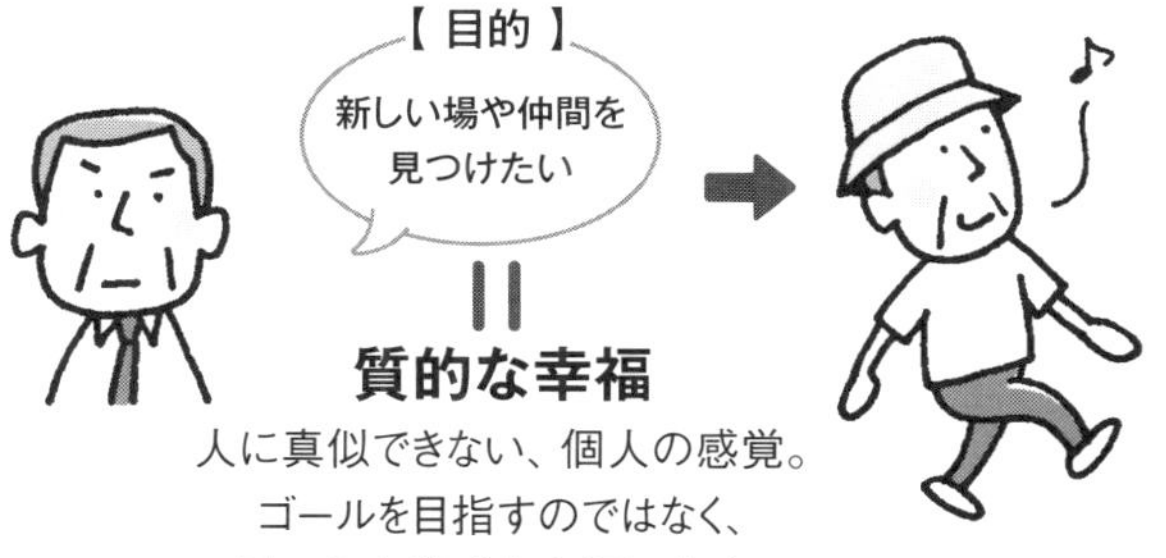
【目的】
新しい場や仲間を見つけたい
＝

質的な幸福

人に真似できない、個人の感覚。
ゴールを目指すのではなく、
日々の充実感を大切にする。

No.4

現役で活躍する人をひがんでしまう

加藤氏
62歳（既婚）
妻との二人暮らし。名門大学を卒業後、大企業に就職。60歳で定年退職後、再就職に恵まれず。趣味は家庭菜園。

加藤氏　こんばんはー。

マスター　加藤さん、久しぶりじゃありませんか。

加　そうですね。退職してから初めてかな。

マ　何かあったんじゃないですか？

加　え、わかりますかね。私、昔から顔に出るほうだからな。実は昨日高校の同窓会に出てきたんですよ。

マ　加藤さんはたしか、神奈川の中高一貫校でしたよね。

加　マスターの記憶力は相変わらずすごいですね。そう、男子校の進学校。みんなそれなりの名門大学とか医学部に入りましたよ。

マ　加藤さんも名門大学ですよね。

加 62歳の同窓会だったけど、集まった連中で仕事してないのは私くらいでしたよ。みんな、会社の経営陣として残っていたり、企業の相談役やってたり、講演をしているやつとか、市長もいましたね。医者は全員現役。

マ さすが、すごい人たちばかりなんですね。

加 まあ、特に成功したやつが集まるんでしょうけどね。だからみんな羽振りがいい。高級ブランドのスーツ着てるし。話題も、投資で儲かったとか、海外旅行へ豪華客船で行ったとか、景気のいい話ばかりですよ。

マ 加藤さんは今働いてないんですか。

加 働いてません。趣味の家庭菜園をやっているだけ。

マ でも、そんなご友人たちに会っちゃうと働きたいって思いますか？

加 私は、再就職でうまくいかなかったので、あまり働こうとは思わないですね。ただ、あいつらがうらやましい……。やっぱり嫉妬《しっと》してるのかなあ。私は一応大企業には入ったけれど、出世はしなかったからなあ……。どうも連中の成功を素直に喜べない。

マ ハイボールでよかったですか。とりあえず。

加 ああ、ありがとう。

マ 加藤さんは、現役で働いているとき、出世したいと思ってましたか？

加 いや、特に出世は意識しませんでした。当時はある程度の大学を出ていれば、自動的に高い地位に行けるものと思っていましたからね。それが甘かったかな。はは……。

マ これまでも同窓会には出てたんですか？

加 うん、ずっと出ていましたよ。でも、今までは会社員として自分の仕事はきちんとやっている自負があったせいか、嫉妬は感じていませんでした。退職してからの今になって、社会的地位や財力の差が際立ってきたんでしょうね。それで嫉妬やひがみの感情が起こった。

マ ほう。ずいぶんご自身の感情の分析をされてるんですね。すごい。

加 私は妙に理屈っぽいところがあってね、納得できないところや矛盾点があると、冷めてしまうんです。在職中もそうでした。そんなところが、会社としては扱いづらく、出世を阻んだのかもしれません。

マ でも、ご友人たちは加藤さんを見下してはいないんでしょう？

加 それは感じてないです。それを感じるようではもう同窓会へは行かないし、連中とはつき合いませんね。

マ そうですか。

加 私は学校の成績だけはよかったので、みんなそれは覚えていると思います。浪人して医学部に入った友人に、高校2年まで数学を教えてやっていましたし。私を、出世には興味のないやつと思ってるでしょうけど、見下してはいないはずです。

マ　でも、加藤さんの中にあるひがみや嫉妬の感情が邪魔をして、これまでのようにうまくつき合えない、ということですね。

加　そうですね。それさえなくなれば、うまくつき合えると思います。

マ　では起業や投資はどうでしょう。財力アップは、チャレンジできるんじゃないですか？社会的地位は変わりませんが。

加　できることならしたいけれど、現実的ではないかな。今の私には無理ですね。

マ　うーん。それでは嫉妬やひがみを取り除く以外に、もう一つ方法がありますよ。

加　ほう、なんですか。

マ　**幸福感を強める**んです。これはアドラー心理学の考え方です。

加　幸福感ですか。

マ　ええ、現役で働く人は仕事の成功を求めがちですが、そうでない人はその考えをやめて「**幸福を求めましょう**」ということです。先日来たお客さまも、同じような悩みを持った方がいましたよ。（P.33「**量的な成功から質的な幸福へ**」）

――佐藤氏の話をするマスター。

加　へぇ。私にとっての幸福は何だろう。

マ　加藤さんは先ほど趣味で家庭菜園をしてるとおっしゃってましたよね。そこで何か、幸福感を強化することって思いつきませんか。

加　そうだねえ、家庭菜園で幸福感を得られるときってやっぱり収穫なんですよ。今年はいいキュウリができて、隣にも少しだけど分けてあげられました。だから、収穫を増やして、より多くの人に食べてもらう、ってことが幸福感の強化かな……。

マ　それ、すごくいいじゃないですか。加藤さんが収穫を増やす具体的な方法って、何かあるんですか？

加　まあ、今は庭の一角でやっているから、その面積を広げるとか。あとは、近くに川があって、その川のまわりの土地を市が貸しているんですよ。そこを借りればもっと大規模にできますね。

マ　いいですね。それは、アドラー心理学で言われている、**「対自競争」**です。

加　対自競争？

マ　はい、**成功を求めて人と競争をするのが「対他競争」。幸福を求めて前の自分より進化していくのが「対自競争」です。**

加　へえ！

マ　話を聞いていると、もともと加藤さんて、成功を求めての競争を好むタイプではないようにお見受けします。むしろ自分の価値観を大事にするタイプ。ひがみや嫉妬って、対他競争のとき生じる感情なんですよ。今回たまたま対他競争をしているご友人に囲まれたために、今まで感じたことのない気持ちになったのかもしれませんよ。

加　ははあ。そうかもしれませんねえ。

マ　アドラーは、「**成功は見せかけの幸福だ**」と言っています。**地位や名誉やお金を得ることはたしかに成功ですが、それが幸福とは限りません。**豪華客船で海外旅行をしたご友人も、幸福かどうかはわかりませんよ。

加　なるほど、たしかにそうですね。

マ　加藤さんとご友人は、ちがう土俵でいいんだと思います。加藤さんは成功を求める土俵から降りて、ご自分の土俵で幸福を目指せば、嫉妬心に勝てると思います。

加　そうかもしれませんねえ……。

マ　キュウリの次はどんなものを考えてます？

加　そうですね、オクラとピーマンが好きだから、そのあたりに挑戦したいですね。

マ　いいですね！　つまみに使えそうな野菜ばかり！　ぜひうちにも分けてほしいです。今度の同窓会で、ご友人にも分けられたら、相当喜ばれるんじゃないですか？

加　ああ、そうなったら嬉しいですね。

マ　幸福を求めるようになった加藤さんが、むしろ彼らに嫉妬されたりして。

加　もしされたら「土俵がちがう」と、今の話をしてあげますよ。

マ　おっ、余裕が出てきましたね。それでこそ加藤さん。

加　アドラー心理学、とてもいい勉強になりました。ありがとう。

Adler's Bar

アドラー心理学講座 4

対他競争と対自競争

成功をおさめたい、もっとよくなりたいという意欲が、人との競争心やライバル心を生み、人を成長させます。アドラーはこれを認める一方で、過去の自分との競争も重視します。これは、過去の自分よりよくなろうとする向上心につながります。競争社会から身を引いた定年後は、他者との比較や競争をやめましょう。

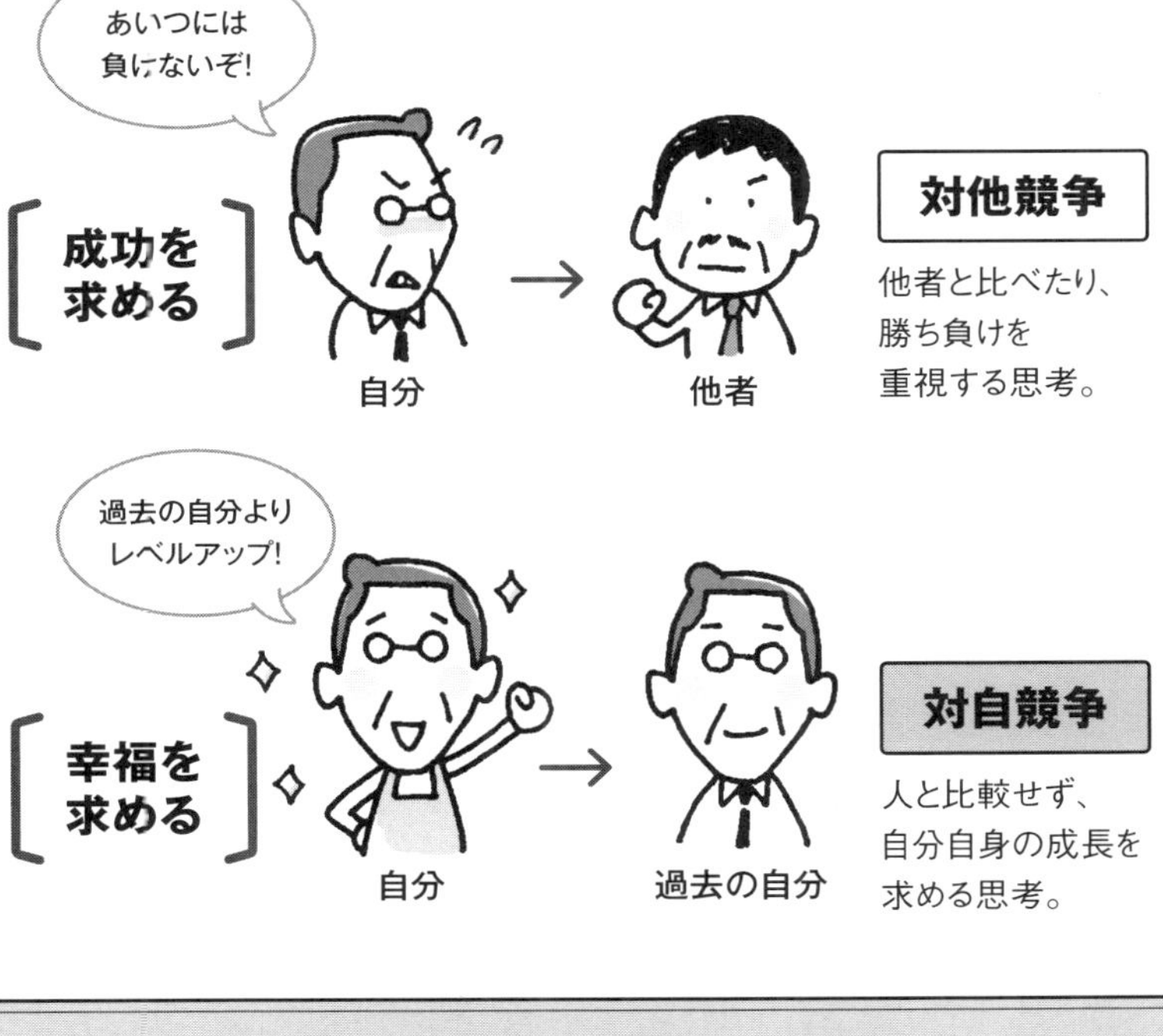

No.5

自分は一体、何をしてきたのだろう

吉田氏
59歳（未婚）
高校卒業後、自動車関連会社に勤め、来年定年を迎える。若いころのバイク事故が原因で、右足がやや不自由。

マスター　あれ？　吉田さん、タバコやめたんですか？

吉田氏　うん、やめた。

マ　最近、吸いづらくなってますしね。やめてよかったんじゃないですか？

吉　うーん。というかマスター、実はオレ、半年前に入院したんだよね。

マ　え、どうしたんですか？

吉　腹膜炎になっちゃってさ。なんか腹が痛いなと思ってたんだけど、放っておいたら、すごい熱と吐き気がきて、医者に行ったら即入院だよ。15センチも腹切って膿《うみ》を出して、大変だったんだ。退院まで2週間かかったよ。

マ　それは大変でしたねー。

吉　つらかったー。退院してからも痛《いて》えし、トイレには何度も行かなきゃダメだし。先月くらいからようやくだよ、酒飲めるようになったのは。

マ　そうでしたか。

吉　でさ、病院で2週間タバコ吸えないでいたらさ、おかしなもので、退院しても全く吸いたくなくなっちゃったんだ。

マ　そうですか。結構ヘビーでしたよね、吉田さんは。

吉　高校時代からだったからね。これまで自分がタバコをやめるなんて1ミリも考えたこと、なかったけど。

マ　やめてどうですか。体調は？

吉　体調はいいけどね。

マ　それはよかった。

吉　その代わり精神的には絶不調だよ。

マ　おや、それはどうしてまた。

吉　オレ、後悔してるんだ。

マ　何を後悔しているのですか？

吉　マスターにも話したことがあったと思うけど、オレ、勉強嫌いで高校時代はバイク乗り回して事故ってさ、今でも右足をちょっと引きずってるのは、そのせいなんだよ。自動車の板金塗装の仕事には就けたけど、いつまでも給料も上がらない工場働きでさ。結婚もせず、外国へも行ったことないし、あげくの果ては、でかい病気して、来年定年だよ。オレは今まで何をしてたんだろう……って。

マ 吉田さん、前回来たときと考え方がずいぶん変わりましたね。

吉 タバコやめてから変わったんだ。それまではみんなと、休み時間や仕事終わった後に集まってタバコ吸ってたけど、退院してからは、みんなが吸いに行くと、オレ一人になるんだ。そんなとき、吸ってる連中を客観的に見て、なんか考えちゃったんだよな。

マ ほう……。

吉 単純な話、吸わなきゃタバコ代がかからないんだよね。一日1000円浮くんだよ。40年間吸ってなければ、いくら貯められたんだろう。1000万円は軽いか？

マ たしかに計算すると相当な額になるでしょうね。

吉 金もそうなんだけど、タバコはオレの後悔の象徴なんだ。そう、煙だよ。オレは今まで煙のように、形の残らない、虚しい、無意味な年月を過ごしてきたんだ。

マ ほう、そこまで。

吉 オレには兄貴がいるんだけどさ、兄貴は一生懸命勉強して大学行って、大企業のサラリーマンになって、結婚もしたし、子どももできた。定年になった今でも、再雇用で働いているんだ。

マ そうですか。ご自分も、やろうと思えばお兄さんのようにできたはずだと思えてしまいますよね。ご兄弟なんですから。

吉 まあ、実際のところはわからないけどさ。ただオレには友達がたくさんいた。毎日遊んで楽しくて仕方なかった。だから友達の少ない兄貴のことを、かわいそうだくらいに思って、心の中でバカにしてたんだ。バカなのはオレのほうだったのに。

マ そういえば、吉田さんは社交的で、お友達が多いですよね。

吉 まあね。でも同じレベルの友達に囲まれてたから、それに満足してここまで来ちゃったってとこはあるね。オレがマスターに会いにここへ来るのは年に2回くらいかもしれないけど、友達とは毎日、安い酒飲んでたんだよ。

マ なるほどねえ。

吉 結婚のチャンスもないわけじゃなかったんだ。でもオレは男友達とワイワイ気楽にやってるほうがよくて、結局結婚しなかったんだ。

マ そうでしたか。

吉 芋焼酎、ロックでもう一杯もらえる？

マ かしこまりました。

——芋焼酎を差し出すマスター。

マ　吉田さん、たとえば3年後の吉田さんが、これからの3年間を振り返って、後悔しないようにするには、どうしたらいいですかね。

吉　え、これからの3年間を後悔しないように？

マ　はい、これまでを後悔しているのであれば、それをバネに何かしたいことはありませんか。

吉　そうだなあ、オレ、本当に勉強しなかったから、モノを知らないんだよね。だから、漢字や歴史を勉強して知識をつけたいな。それで少しは前と変われば、後で振り返ったときに後悔しないかもしれない。

マ　なるほど、いいじゃないですか。他には？

吉　中途半端で終わっちゃったこととしては、やっぱり女性とつき合うことかなあ。

マ　ほう！　いいですね。

吉　でも、それはさすがに無理かな。

マ　わかりませんよ。今はいろいろな出会いがありますから。

吉　そうかなあ……。

マ　吉田さん、アドラーっていう心理学者はね、「**意味づけによって過去は変わる**」って言ってるんです。

吉 過去が変わる？

マ 吉田さんは先ほど、今回病気になったことを、「あげくの果ての大病」という言い方をされましたよね。でも、これから、もし満足のいく3年間を過ごせたなら、「病気のおかげ」という見方に変わるかもしれませんよ。

吉 どうして？

マ 吉田さんが勉強したいと思うようになったのは、今回、病気をしてこれまでの過去を振り返ったことがきっかけですよね。

吉 ああ、そうか。病気が、オレが変わるきっかけになった記念すべき事件になるわけか。

マ そうです。**今は、楽しかった友達との毎日が、過去の後悔する日々になっているかもしれませんが、3年後に新たな吉田さんになって振り返ったとき、それが、過去の貴重な日々だったと見方が変わっているかもしれません。**もしかしたらバイクの事故だって、有意義な出来事に変わる可能性もあります。

吉 ははあ、なるほどー。

マ 要は、**過去の事実をどう意味づけるか**、ということなんです。これを「**主観的意味づけ**」と呼んでいます。

吉 じゃあ、これからの生き方次第で、この後悔まみれの気持ちが、払拭《ふっしょく》される日が来るかもしれないってこと？

マ そういうことです。だからアドラー心理学は、よく言われる「**トラウマ**」という考え方を重視しません。

吉 ん？　またそれはどうして？

マ たとえば、歌を歌って人に笑われたことで、その人は歌が歌えなくなったとします。それはトラウマかもしれません。でも逆に、笑われたことをきっかけに、歌を練習したらどうでしょう。トラウマどころか歌が得意になって、よい思い出となりますよね。

吉 なるほど！　**同じ事実でも本人の考え方次第で意味が変わるってことだ！**　いやあ〜、これは大発見だ！　マスター！　それすごいよ！

マ 私ではなく、アドラーが論じた考え方ですよ。

吉 うん。そのアドラーって人、すごい！　オレもアドラー心理学を勉強してみるってのも、ありだなあ。

マ ええ、それはおすすめです。セミナーなどもありますから、ぜひご一緒に。

アドラー心理学講座 *5*

主観的意味づけ

人は自分の体験や考え方に従って、物事を把握します。アドラーは、客観的な事実よりも、この「主観的意味づけ」を重視します。同じ人間でも、そのときの心の持ちようによっても見方が変わります。つまり、自分自身が変わることで、変わらないはずの過去も、すばらしいものに変えることができるのです。

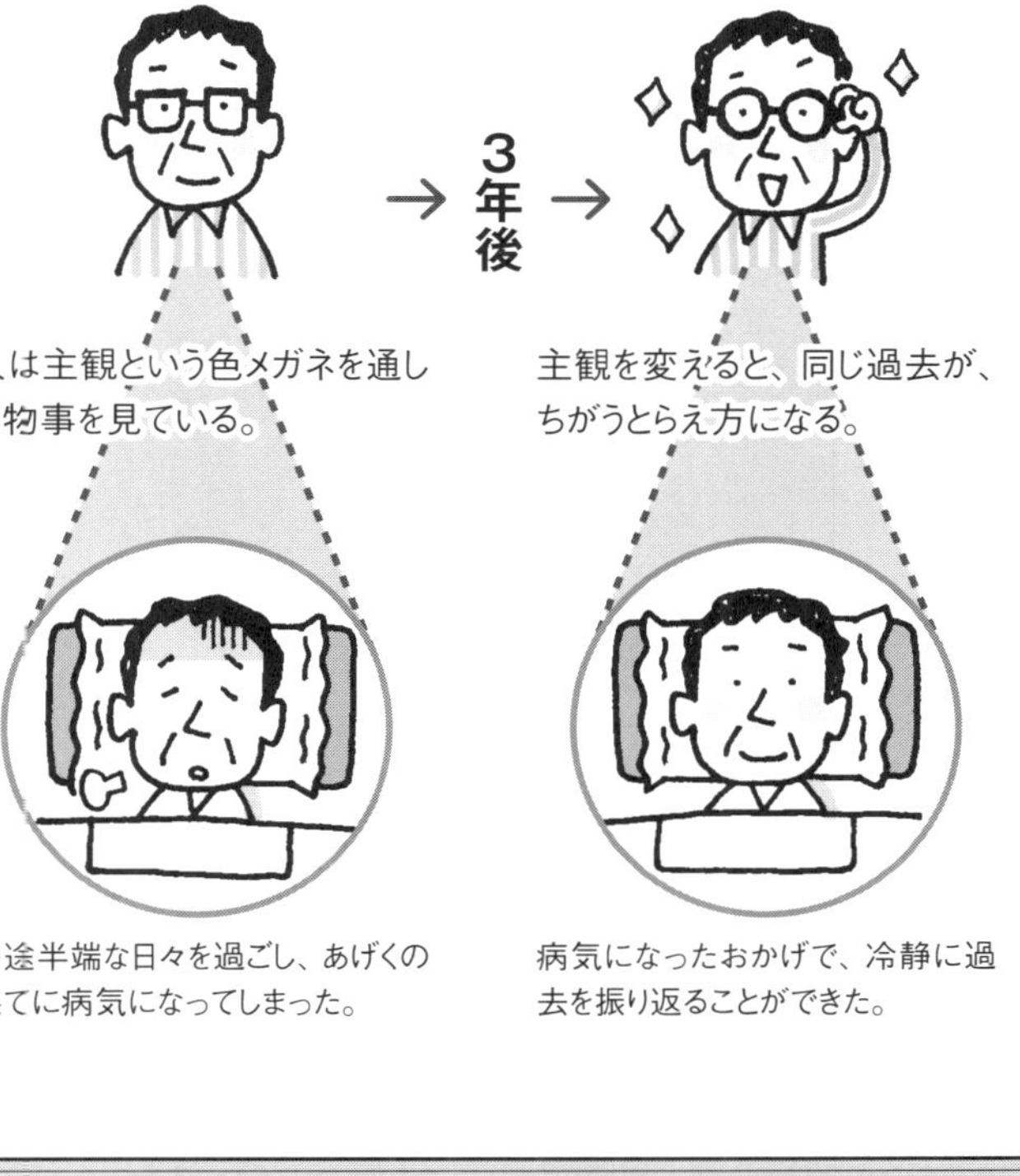

人は主観という色メガネを通して物事を見ている。

主観を変えると、同じ過去が、ちがうとらえ方になる。

中途半端な日々を過ごし、あげくの果てに病気になってしまった。

病気になったおかげで、冷静に過去を振り返ることができた。

マスターのひとりごと

人生100年時代と言われるようになり、多くの人が健康で長生きしたいと願う一方で、それを楽しめる人ばかりではないのが現状です。特に定年を迎えて職場を離れると、突然老け込んでしまい、エネルギーを失ったようになってしまう人もいます。

生活のリズムが大きく変わることも一つの原因と考えられますが、定年後の人生を楽しめないのは、対人関係の変化も大きく影響していま す。仕事でつながっていた多くの人間関係を失いますし、またそれに代わる新たな環境で、新しい人間関係を築けないことで悩みを抱える人もいます。

しかし、他者は変えることができません。相手を変えられないのであれば、自分が変わるしかないのです。悩みや困難なことにぶつかったら、まずは自分が変わる決意をすること。人間は何歳からでも変われます。それが、老いに向かうこれからを幸せに生きるための第一歩です。

Chapter 2

子どもと老親

No.6

独身の娘が心配

鈴木氏
70歳（既婚）
妻と、アラフォーの娘との3人暮らし。趣味は音楽鑑賞。ときどき地域のボランティア活動をしている。

マスター いらっしゃい。おや、鈴木さん、お久しぶりです。お元気でしたか？

鈴木氏 まあ、なんとかね、おかげさまで70歳を迎えましたよ。バーボンをロックで。

マ それはおめでとうございます。ご健康そうで何より。ご家族もお元気ですか？

鈴 元気だよ。娘はもう38歳になった。

マ ほう。私も存じ上げている、あのかわいらしいお嬢さんですよね。

鈴 うん、たしか大学卒業後に一度ここへ来たよね……。

マ はい。お酒を飲めるようになって、いろいろなつまみを食べるようになったおかげで、好き嫌いが減ったって、おっしゃってましたね。

鈴 そんなことを言ってたかね。マスターの記憶力はすごいね。

マ いえいえ。

鈴 その娘は、いまだに独身でね。

マ ああ、そうでしたか。

鈴 一度は婚活したこともあったようだけど、最近はやってないみたいでね。もう結婚はしないのかな……。

マ お嬢さんとは、そういった話はしないんですか？

鈴 しないねえ。娘も私たちに気を使わせないように、結婚の話は避けているようでね。

マ もしかして鈴木さんは知らないだけで、おつき合いしている人が密かにいるかもしれませんよ？

鈴 いや、それはないよ。いつも一緒にいるから、そうだとしたらすぐわかる。

マ 最近の若い人、結婚しない人が増えてますよね。

鈴 うん……、結婚するしないは自由だと思うんだけどさ、うちの娘、子どものころから体が弱かったんだよね。今は昔より丈夫になったけど、いまだに体力はないね。カゼもこじらせると長くて、けっこう仕事を休んじゃうんだよ。一人っ子だし、パートナーでもいないと、私ら夫婦が死んだら、天涯孤独だよ。

マ お勤めはされているんですか？

鈴 うん。でも派遣で、正社員じゃないんだ。だから不安定なんだよね。また不景気になったら、すぐにリストラ対象になるだろうし。年をとれば働き口だって減るし、年金も十分にもらえるかどうか。どうするんだろうな……。

マ だいぶご心配のようですね。

鈴 ああ。心配しているだけではしょうがないんだけどね。話したほうがいいのかなあ。でも、娘も嫌がるかもしれないし……。家族3人の日常生活は楽しくやれているから、変に波風を立てたくないとも思うんだよねえ。

マ そうですよね……。もし話すとしたら、ご両親が心配に思う気持ちを、お嬢さんに率直に伝える感じでしょうか？

鈴 そういうことになるかなあ。やっぱりこういう問題は、先延ばしにしててもいいことはないし、ちょっと勇気を出して、話してみようかな。

――後日。

マ いらっしゃい。

鈴 いやあ、マスター。まいっちゃった～。娘にキレられたよ。

マ え？　お嬢さんにですか？　話したのですか？

鈴 うん、私のいないときに家内に話してもらったんだよね。女同士のほうが話しやすいかなって思って。今日は……、バーボンを水割りで。

マ なのにキレられてしまった……。はい、どうぞ。

鈴 家内が、結婚はどうするつもりなの？　って切り出したらしいんだけどね。そうしたら、「お母さんもお父さんも、やっぱり平然を装っていただけで、心の中では私を、結婚するかしないかっていう目で見てたんだね！　余計なお世話よ、ほっといて！」って、急にどなったって。

マ そうでしたか。で、鈴木さんはどう思いました？

鈴 まあ、怒ったということは、娘本人もそれだけ結婚を気にしてたということだろうから、その点ではまあよかったんだけど。でも、結婚を気にしつつも婚活してないってことは、結婚する気がないのかなとも思うわけで、そういう意味では余計に不安にはなったね。

マ なるほどねえ。でもお嬢さんは、余計なお世話って言ってるんですよね。自分のことは自分でするから、口出ししてほしくないんじゃないでしょうか。

鈴 まあ、そういうことなんだろうねえ。結婚しろと言われたからって、じゃあするよ、と簡単にできるものでもないだろうし。

マ そうですよね。そんなときは心理学者のアドラーが言っている、「**課題の分離**」を考えるといいですよ。**その問題を、誰が解決すべき課題なのかを考えてみる**のです。つまりこの場合、**お嬢さんの人生や結婚について考えることは、お嬢さんの課題**ですよね。

鈴 娘本人の課題ってこと？　そうは言っても親は心配だよ。だからこそ家内が、勇気を出して言ってみたわけなんだから。

マ おっしゃる通りです。ですから、そのお嬢さんを見守る**ご両親の課題は、お嬢さんを心配すること。**

鈴 え、それだけ？

マ だって、いくら親でも、お嬢さんの感情や考えを動かすことはできないでしょう？　だから**悩んでも仕方ないんです。娘といえども他人の課題。それを解決できるのはお嬢さん自身、と割り切ったほうがいいですよ。**もしお嬢さんから相談があったら、そのときは応えてあげればいいんです。

鈴 そんなもんかなあ。

マ ただ、お嬢さんに、ご両親が**心配していることを、伝えるのはいいこと**だと思いますよ。

鈴 伝えるったって、今何を言っても口出しって思われちゃうだろうな。

マ さっき、お嬢さん自身が結婚を気にしていたことがわかってよかった、っておっしゃってましたよね。

鈴 うん。それは正直な気持ちだよ。

マ 前におっしゃっていた、お嬢さんがどう思っているかわからないから話しにくい、っていうのはなくなりました？

鈴 まあ、家内はキレられちゃったから、話しにくいだろうけど……私はなんとか。

マ じゃあ、どうです？　今度は鈴木さんも加わって3人で話しては。お嬢さんにも「課題の分離」を意識してもらうんです。お嬢さん自身のことは、本人に任せて口出ししないと伝える。でも親として心配していることは、お嬢さんに理解してもらうんですよ。「心配くらいしてもいいでしょう？」って。

鈴 なるほどねえ。

マ **「課題の分離」は、お互いの課題を話し合って共有しておくことによって「課題の分担」になるん**です。何を考えているかわからないと、またこじれちゃいますからね。はっきり伝えておきましょうよ。

鈴 それで大丈夫かなあ。

マ どういう結果になるかはわかりませんが、未来のことだから、それは仕方ないです。つかず離れずが大事だと思います。

鈴 そうかもな。

マ なんなら、またお嬢さんと一緒に来てくださいよ。私も久しぶりに会いたいなあ。

鈴 あれ、そういえばマスターは、あれから結婚したんだっけ。

マ いや、まあ、それは……、やはり縁がなく。

鈴 あれ！　そうだったんだ。どうかな、うちの娘は。

マ 年がちがいすぎますよ。そんなことになったら、お嬢さん、私の介護をする羽目になっちゃいますよ。

鈴 いやいや、ははは。

マ ははは。

Adler's Bar

アドラー心理学講座6

課題の分離

「課題の分離」とは、自分と相手の課題を分けて考えることです。自分の思い通りにならないときは、まずそれが誰の課題なのかを考え、それぞれが受け持つ課題を整理してみましょう。そして、他者の課題には踏み込まないことです。お互いの役目を確認し、各自ができることに力を注ぎましょう。

娘の将来が心配。
なんとかして
やらなくては……
プイッ
親
娘
そもそも誰の課題?
課題の分離
親として
娘の心配をする
自分の人生として
きちんと考える

話し合って確認することを、「課題の分担」と言います。

No. 7

引きこもりの息子が心配

田中氏
72歳（既婚）
妻と独身の息子との3人暮らし。大手の企業に勤め、70歳まで再雇用後、昨年退職。読書と将棋が趣味。

マスター いらっしゃいませ。おや、お久しぶりですね。

田中氏 ご無沙汰してました。薄めのお湯割りを……。

マ かしこまりました。はい、どうぞ。

田 今日は、マスターにまだ話してなかったことを話したいと思って来たんですよ。

マ ええ？　何でしょうか。

田 ……うちの息子のことです。

マ ああ、たしか大手の電器メーカーに就職されたんですよね。

田 ええ、そうなんですが……、実は今引きこもってまして。

マ あ、そうなんですか。最近ですか？

田 もう、かれこれ3年になります。

マ そうだったんですか。3年間……。それは心配ですね。

田 息子はもう30歳になりました。私が42歳のとき授かった一人息子です。

マ そうでしたよね……。

田 3年前、息子が職場で人間関係を悪くしまして、休むようになりました。休職し、結局そのまま辞めてしまいました。

マ そうだったんですか。完全に引きこもっているのですか？

田 そうですね。昼夜逆転みたいになっていまして、めったに顔を合わせることはありません。

マ 田中さんにも奥さんにも、ですか？

田 そうです。偶然、トイレに出てきた姿を見るくらいです。風呂は、我々夫婦が寝てから入っているようです。

マ 食事は？

田 家内がドアの前に置き、それを食べています。

マ 話はしますか？

田 ドア越しに声をかけることはしますが、「うん」とか、「ううん」とか、そんな答えしか返ってきません。

マ どんなことを話すんですか？

田 「寒くないか?」とか、「何か必要なものはあるか?」とか……。

マ それを3年間ですか。

田 そうです。私たち夫婦とも70歳を超えてますから、さすがに今後のことを考えると、不安になってきまして。

マ そうでしょうねえ。でも、はっきり言わせてもらうと、それは家族としてコミュニケーションが足りてないですよ。もっと情報交換したほうがいいと思いますよ。

田 そうですよね。それはわかっているんですが……。

マ 「3分間だけでいいから話そう」とか言って、話せませんか?

田 実は以前に、私が息子の部屋に入って、どうしたら会社へ行けるようになるか聞こうとしたことがあったんです。ちょっとしつこかったのかもしれませんが、息子が突然つかみかかってきて……、私、投げ飛ばされたんです。

マ ほぉ、それはちょっと危険ですね。

田 はい。そのままエスカレートしたら、危険な感じがしたので、私は部屋から出ました。部屋を出るときは、息子は布団をかぶっていました。すごい興奮状態だったので心配しましたが、そのときはそれでおさまりました。

マ ははあ……。

田 その1週間後くらいに、夜中に息子の部屋でものすごい音がたて続けにしたことがありまして、どうしたのかと思って起きて行ってみたら、ドアに穴が開いていました。内側から思い切り蹴飛ばしたんだと思います。そんなことがあってから、家内と私は、はれものに触るような扱いになってしまったんです。

マ そうですか……。それからはどうなんですか？

田 それ以来そういったことはないです。

マ なるほどねえ……。医師に診てもらったりしたことはないのですか？

田 ないですね。本人が外へ出ることを頑《かたく》なに拒みますので。

マ そうですか。ではもし今、話せるとしたら、どんなことを話したいですか？

田 うーん……、やはり今、何を望んでいるか、どういうことがあれば外に出られるか？ ですかね……。

マ 息子さんは、他の人ともコミュニケーションをとってないんですか？

田 わかりません。でもスマホとパソコンは部屋にあるので、外との連絡はとっているのかもしれません。

マ 話し声は聞こえませんか？

田 特に聞こえたことはありませんね……。

マ 息子さんのことを、他の人に話したことはありますか?

田 いえ、誰にも。今日初めてマスターに話しました。

マ そうですか。じゃあ親戚の人にも?

田 話していませんね。私の両親は亡くなっていますし、兄と弟がいますが、何も伝えていません。余計な心配かけたくないし、親の教育が悪いとか言われそうで……。家内にも親戚はいますが、家内も息子が引きこもりだってことを世間的に恥ずかしいことだと思っていますから……。

マ そうなんですね。息子さんの状況を、奥さんと二人だけで背負っておられるんですね……。

田 ええ、まあ……。

マ でも息子さんのこと、迷われていますよね。心理学者のアドラーは「**迷ったときは、より広い共同体の声を聞け**」と言っています。

田 共同体?

マ はい。要するに人間が生活するうえで属する集団のことです。**共通の目的に向かって協力し合う**という意味があるので、「**共同体**」と言います。

田 はあ、それが?

マ 家族を基本的な共同体とすると、今回のように、**家族3人だけで問題解決できないときは、共同体を広げる**んです。

田 つまり他の誰かに、協力してもらったほうがいいってことですか？

マ そうです。誰か息子さんと話せそうな人はいませんか？

田 うーん。あ、そういえば、息子は私の弟と仲がよかったです。

マ 息子さんにとってのおじさんですね。

田 そうです。私と弟とは10歳以上離れていまして、彼はまだ50代後半です。息子が小学生のころまで、とても慕っていました。弟には子どもがいなかったからか、うちの息子とあちこち出かけ、遊んでくれたものです。

マ そうですか。だったら、その弟さんに協力してもらえませんか？

田 そうだなあ。まあ、彼なら家内も嫌がらないかもしれないなあ。

マ 私の知っている引きこもりの少年は、かわいがってくれた隣のおばさんが亡くなったとき、葬儀に出る気になり、それをきっかけに、引きこもりから抜け出せたってことがありましたよ。

田 へえ、そうですか！　そんなことってあるんですねえ。

マ 本当に、何がきっかけになるか、わからないものですよ。

田 たしかに私は、家内と二人だけでなんとか解決しようとしていたかもしれません。共同体を家族以外に広げようとすることを、むしろ恐れていました。まず、弟に相談して、家内と3人で話し合ってみます。

マ そうですね。息子さんには事前に「おじさんが久しぶりに遊びに来るよ」と伝えておくのもいいかもしれませんね。

田 そうですね。ああ、よかった。思い切って話してみて正解でした！

マ ちなみに田中さん、ここで私に話してくださったのも、共同体を広げたってことになるんです。今日は、その、すばらしい第一歩を踏み出した日です。

田 そうか！　そうですね！

アドラー心理学講座7

共同体を広げる

アドラー心理学では、すべての人は共同体に属していると考えます。共同体の範囲は、制限を設けません。家族、地域、職場、そして宇宙まですべてが共同体です。アドラーは「人は一人では生きられない」と言い、「個人は全体とともに生きている」という共同体感覚を持つことで、心の悩みを解消できるとしています。

悩んだときは、共同体を広げ、支援者を増やしましょう。

No.8

親の教育のせいでこんな人間になった、と言われた

森氏
61歳（既婚）
再雇用で働いている。妻と娘二人がいるが、先月、下の娘が結婚し、今は3人暮らし。西洋美術鑑賞が趣味。

マスター おかわり、いきますか？

森氏 ああ、頼みます。ところでマスター、少し話を聞いてもらえますか？

マ どうしたんですか？

森 今、私、長女に責められてるんですよ。

マ えっと……、たしか家電メーカーにお勤めの。

森 覚えててくれてありがとう。そう。その長女。でも、もう辞めて家にいるんですけどね。派遣だから、なかなか安定しないんですよ。

マ そうですか。その長女さんが森さんを責めるんですか？

森 ええ。「親の教育のせいでこんな人間になった」と言うんです。

マ それはまた、衝撃的なことを！

No.8

親の教育のせいでこんな人間になった、と言われた

森 先月、次女が結婚して家を出たんですよ。それ以来、長女の責め方が激しくなりましてね。

マ ということは、以前から、少しはあったんですか？

森 まあ、そういうことですね。

マ 森さんが責められるような育て方をしたとは思えませんがねえ。

森 でしょ！ というか、私自身は、そのときそのときで全力を尽くして長女を育ててきたと思っているんですよ。

マ そうですよね。

森 二人ともかわいいですが、特に長女は最初の子だったので、妻ともどもかわいがりました。習い事もいろいろさせましたし、勉強も見てやりましたし、中高一貫の名門といわれる私立校へも行かせました。大学はまあ……希望していたレベルのところへは行けませんでしたが。

マ 森さん、ここで長女さんの話をよくしてましたよね。

森 うん、そうでしたね。むしろ次女のほうには手をかけなかった気がしているんですよね。

マ そうなんですか？

森 次女は、習い事を嫌がっていつも友達と遊んでばかりいましたし、中学も高校も、公立の学校へ行きました。でも、クラス委員をやるなど積極的な性格だったので、それはそれで

いいかなと思い、そのまま自由にさせていた感じです。

マ　姉妹で、全然、別のタイプ！　って感じですね。

森　そうですね。もともとの性格も、ちがうと思います。次女は要領がいいのか、勉強時間が少ないわりには優秀で、大学も長女と同じレベルのところに合格しました。でも長女は、こうなったのは、私たちのせいだ、と言うんです。勉強ばかりさせて、妹みたいに自由にさせてくれなかったとか、成績が伸びなかったことも、正社員として就職できないことも、全部私たちの教育のせいだ、と。

マ　そうですか。

森　それに「こんな自分は不幸だ」とも言っています。たしかに私どもの育て方は結果的に悪かったのかもしれません。でもそのときはよかれと思っていたので、今さら責められてもどうしようもないのです。

マ　そうですね。おっしゃる通り、長女さんの言っていることを、森さんがまともに受け入れる必要はありませんね。

森　受け入れなくていいんですか？

マ　はい。だって、過去が変えられないのは、長女さんもわかっているはずですから。

森　うーん。じゃあ、なぜそんなことを言うのか……。

マ 長女さんは、次女さんの結婚を機に、さらに激しく責めるようになったとおっしゃいましたよね。

森 はい。次女の結婚がそんなに気に入らなかったのでしょうか……。そういえば、それも不思議なのです。

マ なぜですか？

森 次女が結婚前のことなんですが、彼の両親ともめたとき、長女が仲裁をしてあげたことがありました。だから次女の結婚を、心から応援してくれていると思っていたんです。

マ そうですか。妹思いのすてきなお姉さんだったんですね。

森 そうなんです。とってもいい子なんです。

マ 森さんを責めるのは、もしかすると、長女さんは「助けて！」と叫んで、もがいているのかもしれませんね。

森 助けを求めているんですか？

マ 長女さんはずっと、「自分は妹より劣っている」という、**劣等感**を持っていたんでしょう。でも次女さんの結婚を機に、それまでの劣等感が**劣等コンプレックス**に変わってしまったんですね。

森 劣っているなんて……。そんなことないのになあ。

マ 妹は結婚できたのに自分は結婚できていない、という事実が、あまりにも歴然とした差として見えちゃったんじゃないでしょうかね。結婚前に妹を助けたことが、縁の下の力持ちの結果になってしまったことも重なって……。

森 うーん。

マ ただし、心理学者のアドラーは、**劣等感は誰しも持つもの**と言い、**劣等感はあってよいもの**と考えます。**なりたい自分と現実の自分とのギャップが劣等感であり、努力と成長のための刺激である**と考えるのです。

森 ほう。ということは、劣等感は、よいものなんですね！

マ はい。ところが、**他人と比べて自分が劣っていると過度に考えると、劣等感がマイナスの方向に働き始めてしまいます**。それは劣等感が劣等コンプレックスに変わってしまった状態です。**劣等コンプレックスは攻撃性を持つ**と言われています。その攻撃性というのが、まさに森さんを責めるというかたちで出てしまっているんでしょうね。

森 劣等コンプレックスかあ……。それを、劣等感に戻す方法はあるんですか？

マ ありますよ。森さんならどうしてあげたいですか？

森 なんとかして励ましたいですね。お前は劣ってなんていない。お前はまだまだこれからなんだから、不幸だなんて思うなよ、と。

マ それでいいと思います。ＳＯＳを出している長女さんを、まず甘えさせてあげましょう。長女さんからまたつらい言葉を聞くかもしれませんが、まずは否定せずに受け止めて、エネルギーを取り戻してもらいましょう。

――ため息をつき、黙り込む森氏。

マ ところで長女さんは今家にいるんですよね。何をしてますか？

森 ゴロゴロしてますよ。あ、この間は銀食器の本を見てましたね。

マ 銀食器、ですか？

森 そうです。フランスやイギリスの宮廷で使われたものです。なんだかそういうアンティークなものを集めたり、眺めたりするのが好きみたいでね。昔、私も集めていて、娘たちにコレクションを見せたことがあるんです。その影響か、長女は興味を持ったみたいで。

マ ほう！　わくわくすることは、生きる力になります。親子で同じ趣味を持っているなんて、すてきじゃないですか。銀食器は、いい手がかりになるかもしれませんよ。

森 そういえば先日、都内で銀食器の展示会があったみたいで、それにも一人で出かけてました。

マ いいですね。森さんも一緒に行ってみたらどうですか？

森 私が？

マ そうです。

森 ああ、久しぶりに行ってみるのもいいかなあ。

マ しかし、銀食器ですか。なかなか珍しいもののコレクターですね。

森 そうなんですよ、これがまた奥が深いんです。食器にはそれぞれ時代や文化があって……。

マ はいはい、そこからは長女さんとお二人で存分に語り合ってください。

森 そうですね。ははは。ありがとうございます。

マ あ、この店に合う銀食器も、おすすめがあれば教えてくださいね。

Adler's Bar

アドラー心理学講座 8

劣等感と劣等コンプレックス

アドラーは「劣等感」を「目標に向かってよりよく生きるための刺激」という、プラスのものとしてとらえます。劣等感をバネに変えて、向上心などのエネルギーになっているときはよいのですが、他人と自分を比べたり、うまくいかないことが続くと、「劣等コンプレックス」というマイナスの感情に陥ってしまうことがあります。

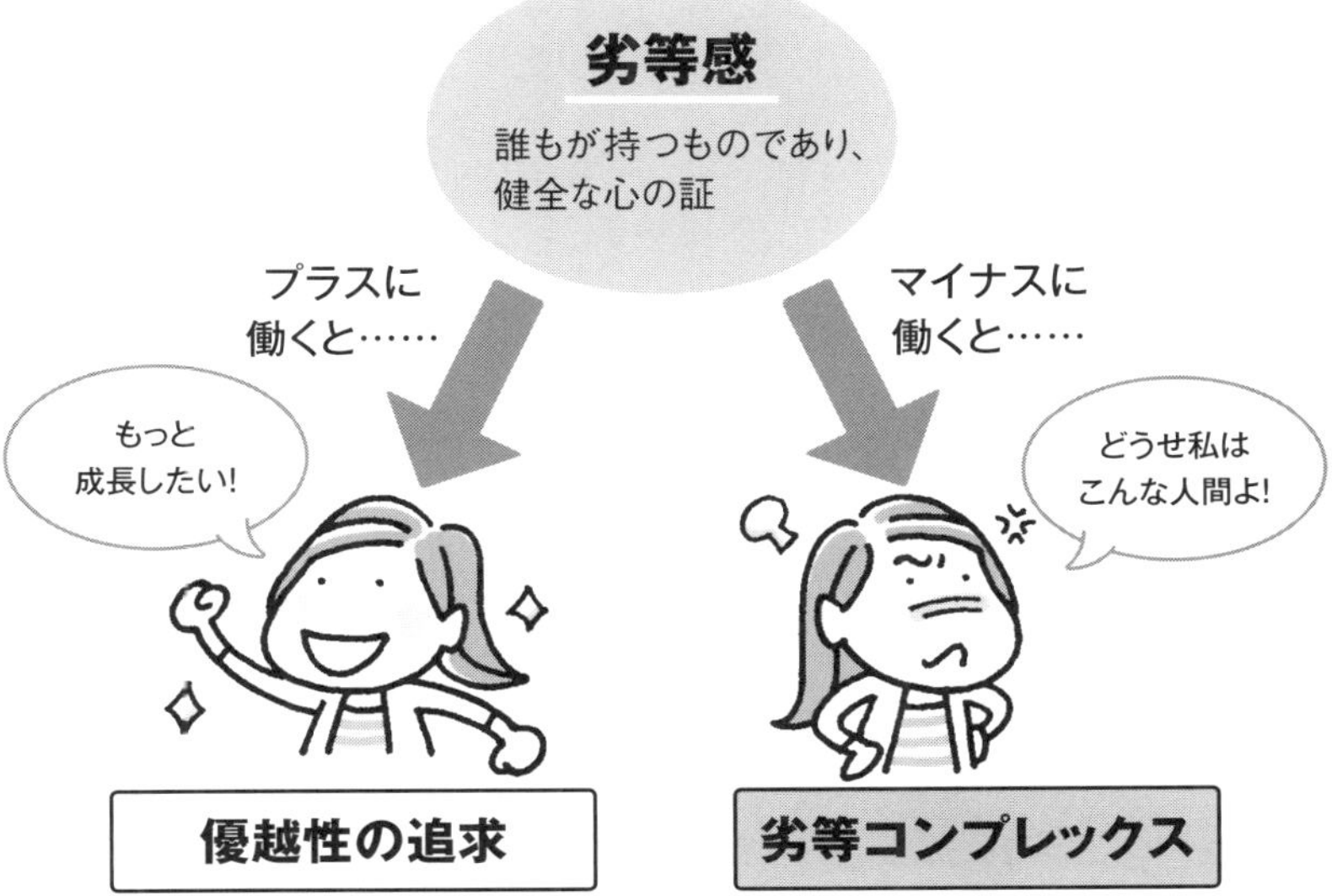

劣等感
誰もが持つものであり、健全な心の証
プラスに働くと……
マイナスに働くと……
もっと成長したい!
どうせ私はこんな人間よ!
優越性の追求
劣等コンプレックス

劣等感をバネに、目標や理想に向かうエネルギーになる。

自己評価が低くなり、他人への怒りや攻撃性を持つこともある。

No.9

子どもが会いに来てくれない

伊藤氏
70歳（既婚）
4年前に娘が結婚して家を出てから、妻との二人暮らし。現役のころ、夫婦仲はあまりよいほうではなかった。

マスター いらっしゃいませ。

伊藤氏 こんばんは。ウーロンハイを。

マ 承知しました。はい、どうぞ。

伊 今日は……、実は、マスターに相談があって来ました。

マ ああ、そうなんですか。いったいどうされました？

伊 娘のことなんですが、うちへ帰って来てくれないんですよ。

マ おや、そうですか。たしか数年前にお孫さんができましたよね。男の子でしたっけ？

伊 よく覚えてますねえ、今3歳です。だけど孫の顔はほとんど見たことがありません。見たのは生まれたときと、1歳の誕生日のときだけです。

マ あれ、それはどうしてですか。

伊 今日娘に、電話で言われました。「お母さんがいるから、実家へは行きたくないんだ」と。つまり実の母親のことが、娘は嫌いなんです……。

マ はあ、そうなんですか。

伊 はい。そうだろうと思ってはいましたが、今日ははっきり言われました。このままじゃあ、この先いくら待っても帰って来てはくれません。孫なんて、すぐ大きくなっちゃいますから。次に会うときは、もう遊んでくれない年かもしれません。それは悲しすぎるじゃないですか。はぁ〜、どうしたもんですかねえ。

マ 奥さんと娘さんは、前から仲が悪かったんですか?

伊 そうですね。けんかが絶えなかったです。

マ 原因は?

伊 その都度いろいろで、内容は私に言わせると、いずれも些細《ささい》なことですよ。ものの言い方や態度につっかかり合い、お互い感情的になっていくんです。女房は、もともとヒステリックなところがあり、エスカレートすると、歯に衣着せぬ言い方をするんです。女房の性格に似てしまったんでしょうね。娘も同じような感じで……。

マ でも、会いたくないなんて、よっぽどこじれたんですね。

伊 会わないうちに、嫌なイメージだけがどんどんふくらんでいったんじゃないかな。もはやお互い何をしゃべっても、一言一言にカチンときていると思いますね。

マ　そうですか……。伊藤さんはそんな二人の様子を見て、どうされていたんですか？

伊　まあまあと引き離そうとするくらいしかできませんでした。私がふがいなかったんです。

マ　今回娘さんに言われたことを、奥さんに伝えたら何て言うでしょうね。

伊　そうだなあ。これまでだったら、「ふざけんじゃないわよ。私だって娘の顔なんて、見たくないわよ」と言いそうですね。でもさすがにどうかな。

マ　どうかなと言いますと？

伊　女房も孫には会いたいわけですよ。それは私と同じなんです。だから怒るかもしれないけど、がっかりもすると思います。娘は孫を連れて旦那の実家にはよく行っているらしく、それもまた女房にとっておもしろくないし、うらやましいんですよ。

マ　なるほどねえ……。

伊　女房は、自分とのことに原因があったと薄々は感じているわけだから、責任は感じるでしょうね。このままでいいとは思ってないでしょう。それは娘にとっても同じです。孫が母方の祖父母に全く会わないのは不自然なことだと、わかっているはずです。

マ　伊藤さんとしては、どうしたらいいと思いますか？

伊　うーん。わかりませんねえ。

マ ウーロンハイ、もう一杯、つくりましょうか？

伊 ああ、頼みます。

マ 奥さんと娘さんは、「主導権争い」が起こっているようですね。

伊 主導権争い？

マ はい。お互いが相手より優位に立とうとしている状態です。奥さんは親として、娘さんより優位に立ちたい。でも娘さんは、いつまでもそうはさせまいとする。二人は、主導権をとるために、「怒り」という武器を使って、ぶつけ合っているのです。でも、なかなか相手が思い通りにならない。だからますます怒りをぶつけ合うんです。

伊 ほう。だからいつもあんなふうに……。

マ それと、奥さんが、「旦那さんの実家には行くのにうちには来ない」とおっしゃるのは、アドラー心理学で言う、「**競争原理**」が働いているからでしょうね。

伊 競争原理っていうのは？

マ **他者を敵だと思うこと**です。勝っているか、負けているかを意識する、敵です。

伊 敵かあ。女房は、向こうの実家を、敵だと思っているんだな。

マ 主導権争いや、競争原理が起こるのは、奥さんはおそらく、「**縦の関係**」をつくってしまいがちな人なんでしょう。**平和な環境を築くには、誰でも対等につき合う「横の関係」**

（P.17）**に意識を変えたほうがいい**ですね。

伊　そうなのか。それを変えてもらうにはどうしたらいいんだろう

マ　横の関係は、リスペクト、信頼、協力、共感という、4つのキーワード（P.17）をクリアできれば築けます。しかしこれは、最低でもどちらか一方に、お互いを受け入れようとする気持ちが前提になければ成立しません。ですから、奥さんと娘さんの今の状況では難しいでしょう。

伊　じゃあ、二人の関係は修復不可能……ってこと？

マ　いいえ、まだ方法はあります。

伊　あるの!?

マ　はい。そういうときは、二人が横の関係になれるような状況をつくるんです。

伊　状況？

マ　お二人を、家ではなく、別の場所で会わせるんです。

伊　別の場所で？　ああ、たとえば外食するとか？

マ　そうです。

伊　それだけのことで解決するの？

マ　別の場所で会わせたことはありますか？

伊 それはないけど……。

マ ちなみに、これまで娘さんの家に行くことは考えなかったのですか？　娘さんが帰って来ないとしても、どうしても会いたいのであれば、そういう方法もありますよね？

伊 ああ、それも考えたんだけど、女房が嫌がって……。これまで私が誘っても行こうとしなかった。

マ でしょうね。つまり、娘さんの家は、お母さんにとっては「娘さんの城」なんです。そして反対にご実家は、娘さんにとって「お母さんの城」なんです。

伊 城……？

マ 敵の城に、自ら飛びこみたくないものでしょう。だから、行きたくないと思うんです。

伊 なるほど。それはそうだ。

マ だから、別の場所で会うといいんです。

伊 ははあ！　なるほどー。でも娘は来るかな。

マ お孫さんも、娘さんの旦那さんも、一緒にだったらどうですか？　娘さんは、みんなで会うなら参加しやすいんじゃないでしょうか？　大勢のほうが、お母さんと会っているという意識は薄れますし。

伊 いいかもしれない。女房も娘も、縦の関係を持たずに歩み寄りができそうだ。それに娘の旦那は、気の強い娘とうまくやれるだけあって、穏やかな性格なんだ。いい緩和剤になる気がする。

マ それはいいですね！

伊 孫もいろいろなものを食べられるようになったらしいし、中華料理なんかいいな。

マ 円卓で料理を回し合っておいしいものを食べたら、いいコミュニケーションも生まれそうですね。

伊 でも本来の目的はうちへ来てもらうことなんだけど、それは大丈夫かな。

マ そこは焦らず、徐々に、です。まずは横の関係を築くことです。外で会うのは、それが目的ですから。横の関係ができれば、自然とうまくいきますよ。

伊 そうかもしれないな。よし、帰ったら家内に話してみよう！ ひと肌脱いでやるか！

マ そうです、伊藤さん。一家の主《あるじ》としての腕の見せどころですよ！

Adler's Bar

アドラー心理学講座 9

縦の関係と横の関係

人間関係がよくないときは、たいてい「縦の関係」を築いているときです。縦の関係を築きがちの人は、すべての他者を敵か味方に分けてしまう傾向があります。アドラーは、よい人間関係は対等な「横の関係」で築かれると言います。他者をみな、仲間だと思う考え方です。横の関係の築き方は、17ページで解説しています。

他者は敵

縦の関係

相手より優位に立ちたいという主導権争いや競争原理が起こる。

他者は仲間

横の関係

人はみな対等だと考えると、自然と協力関係が生まれる。

No.10

認知症の親にイライラしてしまう

藤原氏
65歳（既婚）
定年後は週に3日アルバイトをしている。社交的な性格で、妻とも仲がいい。3年前から実父と同居を始めた。

マスター 藤原さん、どうしました？

藤原氏 え？　あ、すみません。不機嫌が顔に出てました？

マ ちょっと険しいお顔に見えましたので。

藤 そうでしたか……。実は認知症の父にイライラすることが多く、それを思い出していたのです。

マ たしかお母様はお亡くなりに……。

藤 そうです。5年前、私が定年退職した年ですね。

マ そうですか。

藤 その後しばらく父は一人暮らししていたのですが、どうも1年経ったあたりから、認知症の症状が出始めたんですよ。

マ おや、そうですか。

藤 はい、それで3年ほど前から我々夫婦と同居を始めたんです。

マ 藤原さん、お仕事は？

藤 退職後は、アルバイトをしています。なので私が家を空けるときは、家内が面倒を見てくれます。

マ そうですか。立派だと思います。認知症というと大変なんじゃないですか？

藤 大変です。まあ今は、身のまわりの世話で大変というより、イライラで大変ですが。

マ 藤原さんや奥さんが、イライラしてしまうんですね。

藤 そうです。たとえば買い物に出かけて同じものを買ってくるとかね。

マ ははあ、よく聞きますね。

藤 父は基本的に毎日散歩に出かけていて、2回行くこともあります。そのついでに買い物をするのか、牛乳7本が冷蔵庫に並んでいたり、納豆でいっぱいになったりしたこともあります。こんなに買わなくていいからと言うと、自分が買ったものではないと言い張るんです。

マ 言い張りますか。

藤 この間の夜なんか、10時ごろになって急に、今日は夕食をまだ食べてないと言い出しました。7時に食べたことをいくら話しても、自分が正しいと言うんです。結局もう1回、食べさせました。

マ　主張を通すんですね。

藤　自分がまちがえたと思わないようなんですよ。そしてあたかも我々夫婦が悪いかのように、我々とのやりとりを近所の人に、しゃべっているらしいんです。

マ　おや、そうなんですか。

藤　父の誤解や思い込みとわかってくれる人もいるとは思いますが、そうとも限りません。知らないところでどんな話をされているのかと思うと、またイライラしてきます。

マ　たしかにそれは迷惑ですねえ。お医者さんには行かないんですか？

藤　それが「絶対行きたくない！」の一点張りで。「どこも悪くないのに、どうして行くんだ！」と、聞く耳を持たないんです。困っているのはこっちだっていうのに。

マ　なるほどねえ。

藤　そうだ！　先週なんてこんなことがあったんですよ。父が、財布がないと騒ぎ始めまして、しょうがないので一緒に部屋を探しました。なかなか見つからないでいると、あろうことか、真顔で「お前が盗んだんだろう」って言ったんですよ。これにはさすがにカーッときて「ふざけんな！」ってどなり返しちゃいました。

マ　そうですか。で、結局財布は見つかったんですか？

藤　見つかりました。父のパジャマのポケットに入ってました。どうしてそんなところにあったのか知りませんけど。

マ　お父さんは何と言いました？

藤　すっとぼけたみたいに、「ああ、ここだったか」で終わりですよ。自分が何を言ったか忘れちゃうんですかね。あのときは、イライラを突き抜けて怒り爆発でしたね。ああ、思い出すだけでイラつきます。

マ　まあまあ。落ち着いてください。お酒はたっぷりありますから。

藤　すみません、つい。

――グラスのお酒を飲み、気持ちを落ち着かせようとする藤原氏。

マ　ところで、その、怒り爆発は何に対する怒りでしたか？

藤　盗んだという父の発想に対してです。基本的に信じ合えなければ、介護なんてできません。そんなふうに思われたら、お互いが不幸になります。

マ　そうですね……。

藤　私が子どものころの父は厳格な人で、人を信じろとか、人に信じられる人間になれとか言ってたくせに。どの口が言ったのかと情けなくなりました。

マ そうですか。どうしましょう。ギブアップですかねえ。

藤 いや、ギブアップには早いかな。私も、できる限りのことはしたいと思っているんです。その気持ちは家内もわかってくれて、協力してくれています。

マ なるほど。

藤 それに、私も認知症の父に向かって、本気で怒ってしまうのは、大人げないという気持ちはあるんですよ。

マ そうですか。では、大人げなく、怒ってしまわない方法を教えましょうか。

藤 そんな方法があるんですか？

マ アドラー心理学では、**怒りは二次感情**だとしています。**怒りの背景には、そのもととなる一次感情がある**、ということです。

藤 一次感情？

マ さきほどの、お財布事件に対する藤原さんの怒りの場合ですが、お聞きした感じでは、このままではお互いが不幸になるかもしれないという不安や困惑、お父さんが昔と変わったことの悲しさや落胆、これらが一次感情だったように思えます。

藤 たしかにそうですね。言われてみれば。

マ 相手に自分の気持ちを伝えるとき、**怒りという二次感情で伝えるよりも、一次感情を伝え**

るほうが、相手に深く響きます。「お父さん、俺はがっかりだよ。そんなこと言われて俺は悲しいよ。俺を信じてくれないなら、今後が不安だよ」と。たとえばこんな感じ。これが、一次感情の伝え方の一例です。

藤 なるほど、たしかに、怒りに任せてどなるより、伝わりそうだ。

マ でも、怒りは瞬間的に来ますから、とっさには一次感情が何かわからないことが多いと思います。

藤 そうそう、それなんですよね。

マ そんなときおすすめなのは、**怒りが込み上げてきたら、まずその場を離れること**です。たとえばトイレに入ります。そうすると冷静になります。そして、一次感情が何かを考えるのです。

藤 ああ、それはいいですね。気持ちを整理できる！ 私が怒ると、父は私の顔の怒りの表情だけを見ていることがあります。その怒りの表情に反発して、攻撃態勢をとるみたいなのです。

マ **怒りとは、相手をコントロールしたいという気持ちの表れ**です。そのため、相手からコントロールされまいとする反発を招きます。その場の雰囲気は悪くなりますし、しこりとして残ります。

藤 やっぱり怒りはよくないですね。

マ あまり気負わないほうがいいですよ。これからも介護は続きますから。藤原さんの、なんとかしなきゃという責任感の強さが、イライラや怒りを生むのだと思います。

藤 イライラや怒りが解消されれば、まだがんばれると思うので、その場を離れるっていう方法、実践してみます。ありがとうございました。まず帰ったらトイレ掃除をしとこうかな。入りやすいように。

マ やさしい息子さんをもって、お父さんは幸せですね。ご健闘をお祈りします。

Adler's Bar

アドラー心理学講座 *10*

怒りとは二次感情

怒りは突発的に起こる感情ですが、単独で発生することはありません。必ず「一次感情」を伴います。一次感情とは、悲しみ、くやしさ、困惑などの、怒りの背景にある本当の気持ちのことです。それを伝えようとして、二次感情として怒りが込み上げるのです。つまり怒りは捏造《ねつぞう》されたものであり、コントロールできるのです。

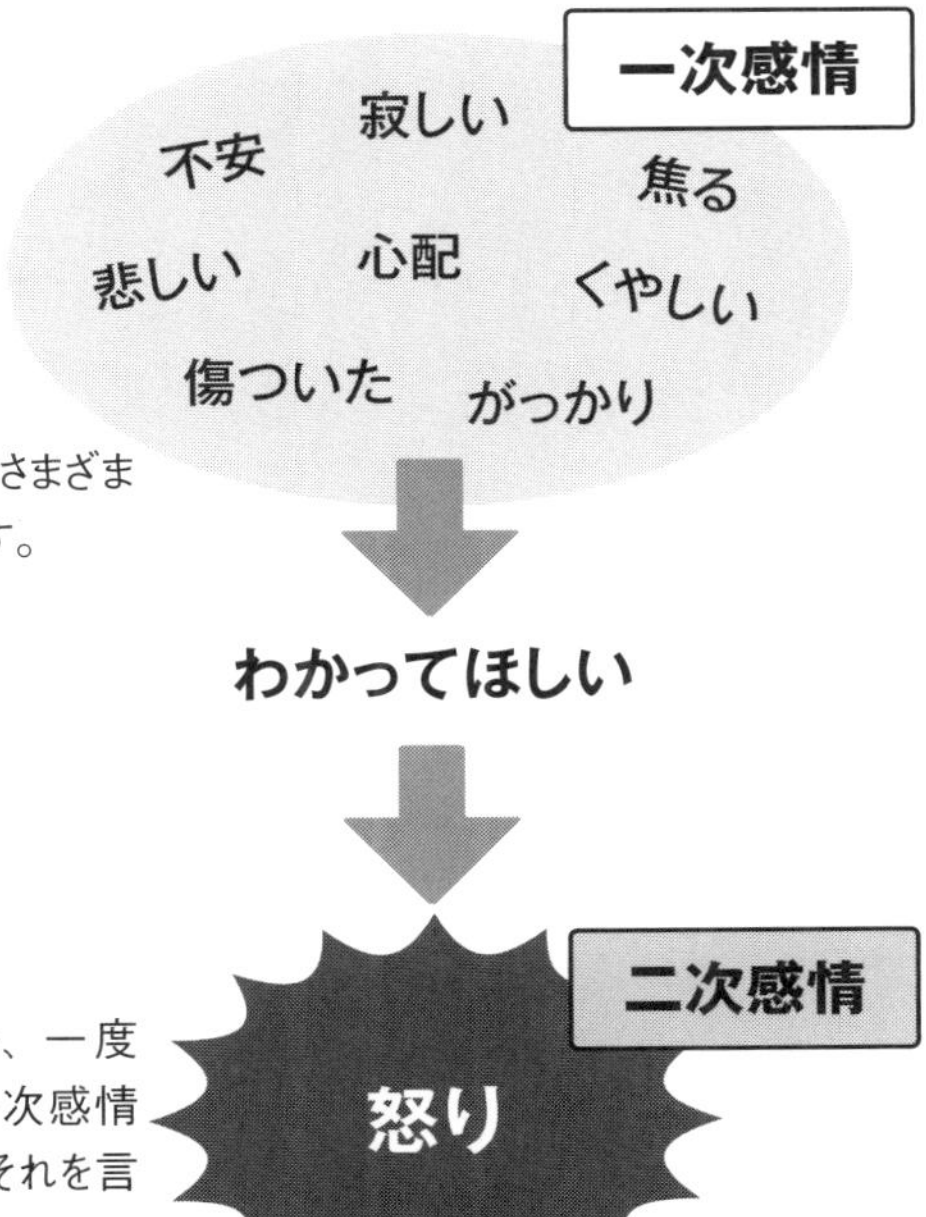

一次感情には、さまざまな種類があります。

怒りがわいたら、一度冷静になって一次感情が何かを探り、それを言葉で伝えましょう。

No.11

介護が原因で兄弟仲が険悪に

木村氏
63歳（既婚）
定年退職後、再就職はせず、群馬にいる母親の介護のため、頻繁に東京から里帰りをしている。弟、妹がいる。

マスター　いらっしゃいませ。

木村氏　えーと、群馬のクラフトビール頼もうかな。えっと、たしか酒造メーカーがつくってるやつ……。

マ　ありますよ。お詳しいですね。

木　最近定期的に群馬に行っているからね。行っても車だから飲めないんだけど。

マ　木村さん、そういえばご実家は群馬県の高崎でしたよね。

木　そう。さすがマスター、よく覚えてるね。

マ　というと……、ご実家のほうで、何かあったんですか？

木　うん、それでちょっと悩んでるんだ。

マ　ほう、どうしました？

木 実は、一人暮らしの母親の介護に行ってるんだけどさ……。

マ 木村さんがですか？

木 うん。弟と妹と3人で交替でね。東京にいる俺と妹が、それぞれ土曜と日曜に行って、弟は隣の前橋に住んでいるから、平日に行くことにしたんだ。母親は病気じゃないけど、もう87歳だし脚が悪いから、介護するというよりは、買い物とか、風呂掃除、料理のつくり置き、ゴミ出しをしに行くんだけどさ。

マ そうですか。それは大変ですね。

木 そうなんだ……。で、俺よりも地元の弟が、想像していた以上に大変でね……。

マ 木村さんは退職されてますよね。妹さんと弟さんは？

木 妹も退職しているけど、弟はまだ。あと1年ある。

マ ヘルパーさんは頼まないのですか？

木 実は頼んでたんだけどね、ちょっともめちゃったんだよ。母親が人見知りで、気使い屋だからね。

マ そうですか……。

木 ところが2ヵ月前、母親が手首を骨折したんだよな。転んで手をついちゃって。平日だったから、弟が会社を早退して病院へ運んだんだ。

マ おやおや！

木 結局入院の手続きから、それ以後の世話や雑用も弟がやってくれたんだ。退院してからも、母親がなんだかんだ弟に頼みごとをするようになったから、弟の負担が今かなり増えてるんだ。

マ 弟さんのご家族は？

木 嫁さんと二人暮らし。この嫁さんへの負担も大きくなっちゃうわけ。弟が仕事している間、母親の通院や、頼まれた急な買い物などは、嫁さんが弟の代わりをするしかないからね。

マ そうですよね……。

木 ただ弟としては話し合いで決めた当番だし、逆に東京から行っている俺たちの負担を考慮して、我慢してると思う。俺の女房や、妹の家族にも気を使ってるんだと思う。嫁さんから不平を聞いていても、弟は俺と妹には伏せているのを感じるし。

マ なかなか心苦しいものがありますね。

木 うん、実際3人の関係は、ギクシャクしてきてるよ。でもそれに引き換え、母親の表情はヘルパーさんを頼んでいたときより明るくなった。母親の顔を見ると、我々で面倒を見ることにしてよかったと思う。

マ それは救われますね。

木 弟も、あと1年で定年だ。そうなれば途端に楽になると思う。しかしその1年が、弟と嫁さんにとっては長いだろうな。

マ なるほどねえ。話し合って決めたけど、いざふたを開けたら、弟さんとその奥さんへの負担が大きくなってしまい、ご長男の木村さんは頭を痛めているということですね。

木 そういうこと。

マ 最初の話し合いは3人でしたのですか？

木 うん、ヘルパーさんとトラブルになったとき、実家に集まって3人で話したよ。でもそれ以後の情報交換はほとんど電話かメールかな。

マ お母さんの骨折のときもですか？

木 うん、一斉メールでやりとりしたよ。

マ 家族間の関係で悩んだとき、アドラー心理学では、**家族会議**をすすめているんですよ。

木 家族会議を？

マ 心理学者のアドラー自身には、兄との確執やお母さんへの誤解など、複雑な家庭事情がありました。だからこそ家族会議をすすめているのかもしれません。**たとえ家族でも、実際に会って話さないと、わからないことは多いものだ**と。

木 そうだよなあ。最初に話したときと状況が変わったわけだし、もう一度集まるか……。

マ それはいいことです。**会議は1回だけでなく、定期的に開くといいん**です。状況はどんどん変わりますから。

木 そうだな。弟の定年もあるし、母親の容体も変わるだろうし。

マ 何もないようでいても、変化ってあるもんなんですよね。

木 家族会議のメンバーに、弟の嫁さんも呼んだほうがいいかな。前回は俺ら兄弟だけが集まったんだけど、彼女がいちばん実質的に介護してくれているわけだし。

マ 賛成です。それ、いいと思います。ぜひそのときに、弟さんご夫婦をねぎらってあげてください。

木 そうだな。本当に二人には感謝してる。だったらうちの女房も呼ぼう。もし俺の分担が仮に週2回になったとすれば、影響を受けるわけだし。それは妹の家だって同じだ。いっそ全員に声をかけるか……。

マ いいですね！　旧家族と現在の家族の合体した、大家族会議。

木 でも大丈夫かなあ。もめないかなあ。

マ **家族会議がうまくいくポイントは、「人の批判をしない」こと**です。会議でお互いの現状を報告し合い、問題点をあげますよね。そのときに誰かを批判すると、うまくいかなくなります。

木 ほう……。

マ **過去を振り返って「ああすればよかったのに」「誰のせいだ」などと言っても、お互いの仲が悪くなるだけで、生産性がありません**からね。

木 そうか。過去は論じないで、これからのことを話すわけか。

マ その通りです。

木 こりゃ、会議を始める前にルールを伝えないとならないな。**一、誰かを批判しない。二、議論するのは今後のことについて。**忘れないように、メモしておかなきゃな。

マ あ、紙ならここにありますよ。どうぞ。

――メモ用紙とペンを渡すマスター。

木 あ、すみません。ありがとうございます。えっと……。

マ それともう一つあります。「わかるだろ?」は禁止です。

木 「家族なんだからわかるだろ?」ですか。

マ まさにそれです。**家族なんだから言わなくてもわかってくれるはず、察してほしい、というのは甘えです。言わなければわかるはずがないんです。**家族会議に忖度《そんたく》も不要です。推測ではいけません。

木 なるほどなあ。でも、うまい解決策が見つかるかなあ。

マ どんな選択肢がありそうですか？

木 場合によっては、母親に老人ホームに入ってもらう話も出るかもしれない……。そうだ！
母親も同席っていうのもあるかな。

マ ああ、それはいいですね。

木 前回は、母親のいないときに俺らだけで分担を決めたんだ。でも、別の形を希望していた可能性はある。あれだけ弟を頼っているのだから、弟と同居したい、なんてこともあり得るかもしれないし……。

マ お母さんも家族みんなが集まったら、きっと喜ばれるでしょうね。

木 よし！　すぐに大家族会議を開こう。このメモが無駄にならないように。

マ 成功をお祈りします。

Adler's Bar

アドラー心理学講座 *11*

家族会議

アドラーにも家庭がありましたが、講演で全世界を飛び回っていたため、家族で過ごす時間は多くはありませんでした。そのため、休暇で帰ってきたときは、家族とのコミュニケーションを大事にしました。アドラー自身が私生活でも、家族会議を実行していたのです。患者一人でなく、家族を集めて話し合うという家族療法は、アドラーが始めた治療法です。

〈 家族会議の4つのポイント 〉

① 批判はNG

誰かを責めたり、批判したりしてはいけません。批判は、相手の勇気をくじきます。(P.117)

② これからのことを話し合う

過去に原因を探さず、これからどうしたらいいかを話し合いましょう。

③ 言葉にして伝える

言葉にしなければ、本当のことは伝わりません。「わかるだろ」は通用しません。

④ 定期的に開く

時が経てば状況は変化します。できる限り定期的に開くとよいでしょう。議題が何もないときでも、家族で集まる習慣をつけられるとベストです。

No.12

実家の母を、老人ホームに入れてしまったが……

川口氏
62歳（既婚）
妻との二人暮らし。定年後は再雇用で働き、週に数回勤務している。実家は鹿児島県で、長男。人のいい性格。

マスター どうしました？ ため息ばかりついてますよ。何か悩んでる感じですが。

川口氏 そうですか？ マスターはするどいですねえ……。

マ 一人で悩みながら酒を飲んでも楽しくないでしょ。よかったら話してみてくださいよ。

川 マスターに話しても仕方がないことなんですが、実は実家の母のことで……。

マ えーっと。川口さんのご実家は、たしか鹿児島県でしたよね。

川 ああ、いつか話したことありましたっけ。実はその母を老人ホームに入れてしまったんです……。

マ お母さんは今、お一人なんですか？

川 はい、父は昨年亡くなり、それで86歳の母が一人暮らしになりまして。料理のつくりがいもなくしてしまい、ろくに食事もとらなくなり、途端に老け込んでしまったんです。

マ　なるほど、そうですか。連れ合いが亡くなられるとそうなってしまう方、多いそうですね。でも、老人ホームに入ることができて、一安心なんじゃないですか？

川　いや、実はそうでもないんです。

マ　どうしたんですか？

川　私は長男でして、妻と結婚して、東京で生活することを、両親にもともと反対されていたんです。でも母が折れてくれて、もし両親のどちらかが一人になったら、そのときは鹿児島で同居することを条件に、結婚することができたんです。

マ　ははあ、ということは、その条件を実現させられなかったということですか。

川　そうなんです。だから私はひどい人間なんです。

マ　なぜ同居しなかったのですか？

川　妻が反対しました。自分には無理、と。

マ　奥さんは、川口さんのお母さんとは同居したくないと？

川　はい……。

マ　奥さんは、川口さんの結婚当初の条件を知っているのですか？

川　知っています。でも、「実際同居してみたところで、お義母《かあ》さんは幸せにはならないのでは？」と妻は言い、たしかにそうかなと私も思えたんです。

マ どうしてですか？

川 東京育ちの妻は、母と、食の好みも、生活習慣もちがいます。考え方もちがうために、二人はあまり仲がよくないんです。

マ 食や生活は、多かれ少なかれ、異なって当たり前だと思いますけどね。

川 とにかく、そういったことが原因で、母が妻に文句を言い、妻も母を嫌うようになったんですよ。母は、その辺は折れないんです。

マ まあ、よくあることですよね……嫁姑問題は。

川 新婚当初、鹿児島へ行ったときなどは、仲がよかったのですが、慣れてきて母親の性格がわかるようになってからは、もうダメでした。

マ そうですか。でもお母さんは、老人ホームへ入ることを納得したんですよね。川口さんは、お母さんに何とおっしゃったのですか？

川 「お母さん、老人ホームへ入ろうよ」と、単に。

マ それに対してお母さんは？

川 「そうするか」と、それだけ。

マ 納得したんですね。

川 はい、口ではそう言いました。ですが、実際に老人ホームで半年暮らしたところ、さらに老け込んで弱々しくなってしまったんです。きっと母は、私に裏切られたと思っているでしょう。そんな母がかわいそうになってきて……。ああ、私はなんて親不孝なんだろう。

マ　裏切られたなんて、思っていませんよ。お母さんがそう言ったんですか？

川　いえ、そんなことは言いませんが。

マ　お母さんにお会いしたときは、何か言ってますか？　同居させてくれとか、ホームを出たいとか。

川　特には何も言っていません。母も同居は望んでいないと思いますし。

マ　確かめたんですか？

川　いや、私の想像です。でも、妻から嫌われている自覚はあると思います。

マ　では、川口さんが老人ホームを選択したのは、奥さんが嫌がっているからというのは、お母さんはご存じなのですか？

川　そこまではっきりとは、言っていません。妻の本心を伝えてしまったら、私が妻の肩を持つ感じになり、母親を傷つけてしまいそうなので。

マ　川口さんは、みんなにやさしいんですね。

川　そんなことないです。本当に昔から優柔不断で……。

――グラスを片付けに、その場を一度離れるマスター。しばらくして戻ってくる。

マ すみません、お話の途中で。さて……、どうしたらいいですかねえ。

川 今、少し考えていたのですが、母を悲しませているのは私への誤解のような気がします。だからまずは、私が母を気にかけていないわけじゃなく、母を思っての選択だということを、わかってくれればいいな、と。

マ そう伝えてみたらどうですか？

川 でも、言いわけみたいになりませんかねえ。

マ 私の実家は岩手県ですが、うちは父が一人で暮らしています。タブレットを渡して、テレビ電話してますよ。これなら川口さんも、同居はできなくても、お母さんと一緒につながってる感じは得られると思いますよ。

川 へえ〜、いいアイデアですね。でも母に、タブレットかあ……。携帯さえ使ったことないですからねえ。

マ 川口さんは、自分が悪いとか、優柔不断だとか考えて**自分を悪者にする傾向がありますね。**心理学者のアドラーに言わせると、川口さんみたいに考えてしまうことを「**かわいそうな私**」と言います。

川 「かわいそうな私」？

マ　過去にとらわれて**悪者探し**をしてしまう考え方には、「**悪いあなた**」と「かわいそうな私」、の二つがありますが、そのうちの、「かわいそうな私」です。

川　はあ……。

マ　はっきり言わせていただくと、川口さんは**そうやって悩むことでお母さんから責められることを、逃れようとしている**んです。**悪いことをしたという後ろめたさを解消するために、悩むことで周囲から同情を買おう**という意識が働いているんじゃないでしょうか。

川　う……。

マ　ちょっと厳しい言い方をしてしまいました。すみません。

川　いえ、大丈夫です。

マ　川口さんのお母さんと奥さんは、折り合いが悪い。だから同居は無理と考えた。そしてそれは、お母さんもわかっていると川口さんは予想した。だから、後ろめたい気持ちもあったけど、老人ホームの入居を決めたんですよね？

川　はい。

マ　つまり、川口さんは今できる最善の方法を考え、決断して、やったわけですよ。それがベストだと思ってやったことなら、それでいいんだと思いますよ。

川　そうですかね……。

マ だから、お母さんの元気がなくなった原因を、自分の過去の決断のせいだと考える必要はありませんよ。

川 でも、母の元気がないことについては？

マ それをどうしたらいいかを、これから考えるんです。

川 タブレットを渡したり？

マ そうです。あと、これは提案ですが、東京の老人ホームに移ってもらえば、もっと頻繁に会えるんじゃないですか？

川 なるほど、考えもしなかった！　でも、そう簡単に鹿児島を離れてくれるかなあ。

マ 聞いてみないとわからないじゃないですか。お母さんが川口さんの近くにいたいなら、そういう希望もあり得る話ですよ。ご自分を責めて、うじうじしている暇なんてありませんよ！

これからどうするか、今の川口さんにできることは何か、を考えていきましょう。

Adler's Bar

アドラー心理学講座 12

悪いあなたとかわいそうな私

思い通りにいかないのが人生。困難なことが起こったとき、人はつい「なぜ？　誰のせいでこうなった？」と、原因を探してしまいます。アドラー心理学では、これを悪者探しと言います。悪者探しは、他人を悪者にする「悪いあなた」、自分を悪者にする「かわいそうな私」のどちらかに必ず当てはまります。

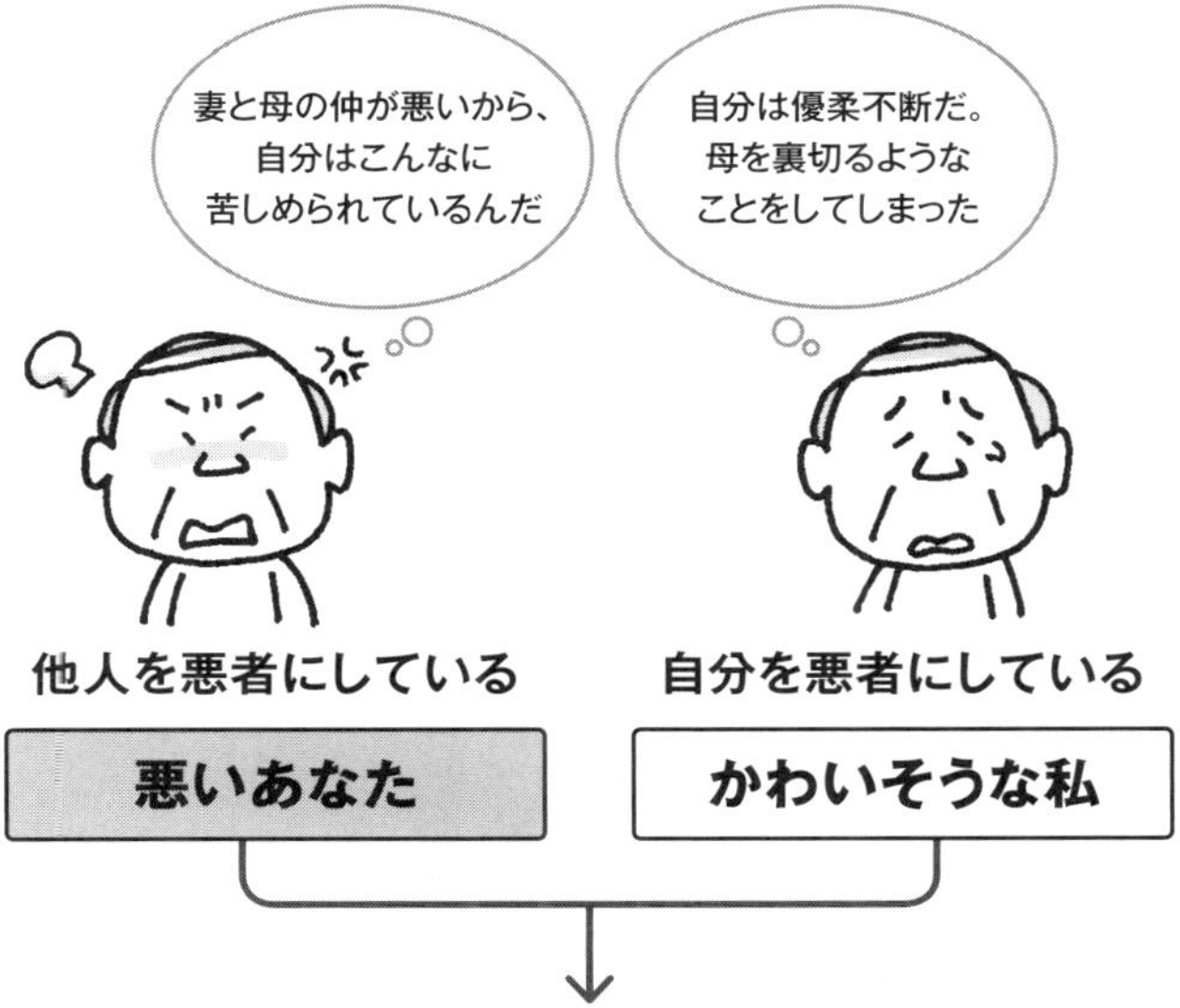
妻と母の仲が悪いから、
自分はこんなに
苦しめられているんだ
自分は優柔不断だ。
母を裏切るような
ことをしてしまった
他人を悪者にしている
悪いあなた
自分を悪者にしている
かわいそうな私

過去に目を向け、悪者探しをしても意味がない

これからどうするか、「今、私にできること」を考える未来志向に切り替えよう。

マスターのひとりごと

動作が少しずつおぼつかなくなり、記憶力が失われ、何度も同じことを言うようになり……。親を介護していると、人の老いを日々、目の当たりにします。親のためにできる限りのことをしたいと思いつつ、介護に疲れ、精神的に追い詰められてくると、仕方ないと思いつつも、声を荒らげてしまったり、けんかになってしまったりするケースは誰もがある経験でしょう。それは親が衰えてしまった現実を受け入れる覚悟をしなければならない、でも受け入れられない、という葛藤が、気持ちとは裏腹の行為をさせてしまうからかもしれません。

「これまでできていたのに」と思うのは、過去の親や、理想の親と比べてしまうために起きる感情です。しかし、相手に理想を求めるのはエゴであり主観です。そんなときは毎日初めて会うつもりで親と接してみたらどうでしょう。老いた親と一緒にいられる時間はそう長くはありません。腹を立てず平和な気持ちで親との日々を過ごしていきましょう。

Chapter 3

妻と男心

No.13

妻ともう一度向き合いたい

林氏
61歳（既婚）
現役のころは営業で地方を飛び回り、単身赴任をしていた時期もある。息子らは巣立ち、妻との二人暮らし。

マスター　あれ？　林さん、お久しぶりですねー。

林氏　ああ、ちょっと家にいたくなくて……。

マ　え？　どうしたんですか？　たしか定年を迎えられてますよね。

林　はい、去年。えっと、ウーロン割り。

マ　奥さんとけんかでもしましたか？

林　けんかではないんですが、冷たくされているんですよ。

マ　林さんが、奥さんに何か変なこと言っちゃったとか？

林　いやいや、そんなことないです。実際女房に、「俺、なんかしたか？」って聞いたんですけど、「別に」って言いましたからね。

マ　お子さんはどうされました？　男の子お二人でしたよね。

林 そうです。長男は3年前に独立。次男も私の定年と入れ替わるように社会人になって、家を出ました。

マ じゃあ、奥さんと二人暮らしですか。

林 そうです。

マ なのに冷たい？

林 はい。

マ どんなふうに冷たいんですか？

林 とにかく会話がないんですよ。食事に誘っても、行きたくないと言われます。最近、私は地域のボランティア活動を始めたんですが、行かない日には、今日は行かないの？ と言われます。昨日は、風呂から上がったとき、女房が居間のソファーにいたので、バスタオル姿で隣に座ろうとしたら、席を立たれちゃいました。

マ おや、そうですか。

林 何なんですかねー。そりゃ私はもう腹が出て、昔みたいにカッコよくはないですが、それはお互いさまだと思うんですよね。

マ 林さん、たしか奥さんとは、テニスで知り合ったっておっしゃってましたよね。写真を見せていただいたことがありますけど、美男美女でしたねー。

林 いやいや、もう見る影もありませんが……。あのころに戻りたいですよ。

マ ふだんの食事は、奥さんとお二人で？

林 そうです。そこは定年前と変わったところですね。

マ なるほど。それまでは家でお二人ということはあまりなかったんですか？

林 そう、私は営業職であちこち飛び回っていましたから、家族と家で食事する機会そのものが、とても少なかったんですよ。朝はさっさと食べて出かけたし、夜も外食が多かったなあ。食べずに帰ってきたときでも、ラップのかかったおかずを温めて、一人で食べることが多かったですからね。

マ お食事中は奥さんと話すんですか？

林 いや、向かい合っては食べますが、ほとんど会話らしい会話はないですよ。

マ お二人の生活になってから、ずっとですか？

林 いや、徐々にでしたね。今みたいな冷たさは、ここ数ヵ月かな。

マ 料理は奥さんがなさるんですか。

林 そうですね。私はできないので、これまでもずっと女房がつくってくれてました。

マ おいしいですか？

林 おいしいですよ。うち、女房以外は男3人なので、女房は揚げ物とか中華料理とか、男が好きそうな料理が得意です。

マ 食べた感想は言いますか？

林 感想？　どっちがですか？

マ 林さんがですよ。奥さんに。おいしいとか。

林 いや……、言わないですね。

マ あ、言いませんか。

林 言わないです。これまでも一人で食べることが多かったので、おいしいとか感想を言う習慣がありませんでしたね。言ったほうがいいですかね？

マ 林さんがもし料理をつくって、食べた人においしいって言われたらどうですか？

林 嬉しい……ですね。そっか、なるほど、「おいしい」か。

マ 他に奥さん、林さんに何をしてくれます？

林 いろいろありますよ。たとえばアイロンかけとか。私、定年になった今でも、外出はワイシャツ着ないと落ち着かないんですよ。なので、女房も引き続きアイロンをかけてくれてます。

マ そんなとき、何か言ってますか？

林 いや、特には。着替えているときは、女房はいませんからね。

マ　じゃあ、着替え終わってからでも言いましょうよ。お礼の言葉を。

林　ありがとうって？

マ　そうです。

林　そうか。アイロンかけに対して、毎回ありがとうを言う発想はありませんでした。

マ　逆を考えて、どうでしょう。林さんが何かして、ありがとうって言われたら？

林　……やっぱり嬉しいですね。

マ　アドラー心理学では、**人間関係をよくする魔法の言葉**があります。**ありがとう、嬉しい、助かる**、です。

林　ありがとう、嬉しい、助かる……。

マ　林さんは奥さんに、この3つの言葉を言ってなかったわけですか？

林　言ってなかったわけですなあ。さては女房の冷たさの原因はそこに？

マ　そうですね。そんな気がしてなりません。だから、明日から言いましょう。奥さんとの関係は、まちがいなく変わります。

林　なるほど。しかし実際、私がいきなり食事中に「おいしい」と言ったら驚かれないかな。

マ　驚くでしょうね。でもいいんですよ。「今日は言いたくなったんだ」って言えば。

林　照れくさいなあ。

マ 林さんの、「料理をつくってくれる」とか「アイロンかけてくれる」という言葉からも、奥さんに感謝の気持ちを持っていることがわかりました。だから、林さんが「ありがとう」と言っても、とってつけたような感じにはならないと思いますよ。

林 そうですかね。

マ この魔法の言葉は、使わないでいるとサビついて、ますます使えなくなります。でも使っているうちに、だんだんサビが取れます。取れたときは確実にいい関係になっているはずですよ。

林 そうか……。これまで家のことも子育ても、女房に任せっきりだったからなあ。それを言えば、私の女房への言葉はありがとうだらけですよ。

マ だったら言いましょうよ。さっき林さん、料理をおいしいって言われたらどうかと質問したとき、嬉しい、と言いましたよね。林さんが奥さんに「おいしい」と言ったら、奥さんは本当に「嬉しい」と言うかもしれませんよ。そうすれば、ほら、林さんにも魔法の言葉が返ってくるじゃないですか。

林 ほう、そうかそうか。

マ 魔法の言葉は、アドラー心理学では、他者への「**勇気づけ**」の基本ワードでもあります。魔法の言葉を使って、他者への勇気づけができると、よい人間関係が築ける人になれるのです。

林 つまり、女房だけでなく、どんな人との人間関係にも使えるんですね！

マ そうです。ぜひ、使ってみてください。

林 いやあ、マスター助かります。今日は本当にありがとう。嬉しいよ！ ごちそうさま。おいしかった！

マ おっ、さっそく練習ですね。その調子です。

Adler's Bar

アドラー心理学講座13

勇気づけの言葉

アドラー心理学では「困難を克服する力」を勇気と呼び、そのための活力を与えることを「勇気づけ」と言います。「ありがとう」「嬉しい」「助かる」。この3つが他人を勇気づけられる、基本のワードです。勇気づけは、ほめることとは異なります。また、批判することでこれを失わせることを、「勇気くじき」と言います。

〈他者への勇気づけによる効果〉

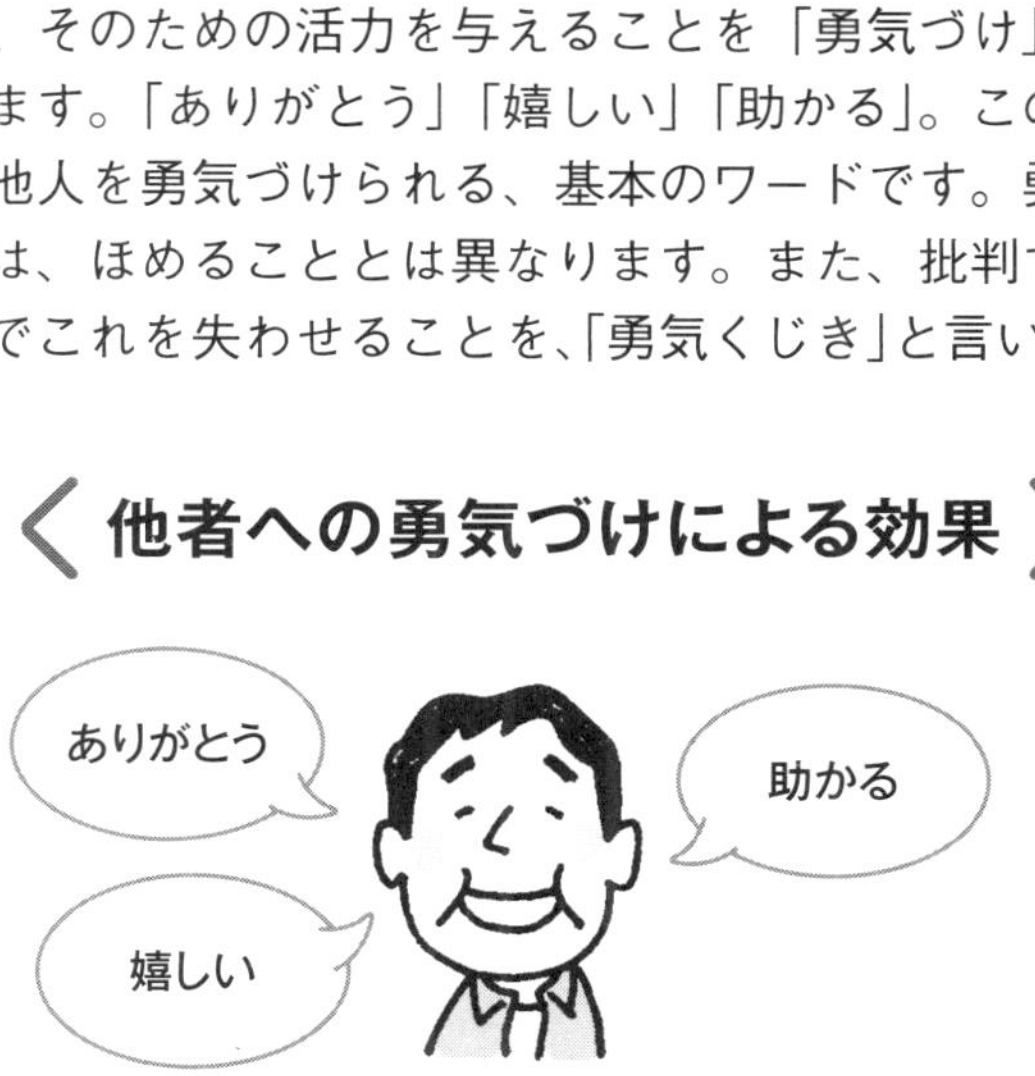

信頼関係を築く

勇気づけをした相手とは、良好な人間関係を築くことができる。

劣等コンプレックスの克服 (P.75)

自己評価が低くなっているとき、勇気づけはとても効果がある。

自立性を高める

結果にとらわれず、自分ができることを考えて行動できるようになる。

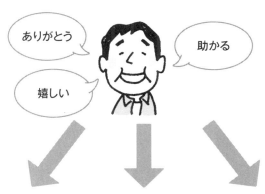

No.14

妻のことをひがんでしまう

斎藤氏
61歳（既婚）
食品系企業の部長職を務めていたが、1年前に定年退職。登山などアウトドアが好き。妻と娘との3人暮らし。

——No.2（P.18）で来店した斎藤氏が、再び来店。

マスター いらっしゃいませ。斎藤さん、あれからどうしたかと思っていました。

斎藤氏 おかげさまで、元気にやってるよ。えっと、生をもらおうかな。いやあ、マスターのおかげで吹っ切れました。

マ じゃあ、以前に話されていた、昔の部下たちとは？

斎 ええ、一度、特に親しかった一人と会いましてね。話を聞いてよかったですよ。私が退職してから大きな組織異動があって、バタバタしていたみたいで……。すべて私の思い過ごしでした。在職中、みんなが私とのつき合いを社交辞令と思ってなかったことも確かめられた気がしましたし、もう、彼らのことはよい思い出として割り切ることにしました。

マ そうでしたか。スッキリされた表情ですね。

斎 はい。もちろん誘われたら、嬉しいですけどね。それよりこれからまた新しい仲間をつくろうと、地域のボランティア活動を始めました。マスターのアドバイスのおかげ。ありがとう。

マ いえいえ。でもよかったです。

斎 ところがね……、情けないことに、また別のことで悩んでるんですよ。

マ おやおや、どうしたんですか。

斎 私より先に、妻のほうが、自分の新しい仲間をつくっちゃってて……。

マ どういうことですか？

斎 妻も60歳になりまして、3ヵ月ほど前に還暦の同窓会があったんですよ。いつになく大勢参加の盛会になったらしく、旧交を温めたらしいんです。

マ よかったんじゃないですか？　たしか奥さんは、斎藤さんとはちがって、インドア派でしたよね。

斎 ええ、そうなんです。でもね、同窓会後、妻はその仲間たちと会うために、頻繁に外出するようになったんです。

マ ほう。

斎 男女とり混ぜて気の合うグループができたらしく、飲み会とかコンサートとかに、頻繁に行き始めたんですよ。

マ　それは奥さん、ずいぶんと変わりましたね。

斎　はい。これまではよく「お前もたまには外へ出ろよ」なんて、妻に言ってたくらいでしたからね……。

マ　そんな話、してましたよね。

斎　ただ、いざ、そうなってみると、くやしいというか、妬《ねた》ましいというか……。情けないことに、妻をひがんでしまうんですよ……。

マ　なるほど、それが新しい悩みのもとなんですね。

斎　ええ、ほんとに私は悩みがつきない男です。

マ　ははは。そう落ち込まずに。奥さんが出かけているとき、斎藤さんはどうしてらっしゃるんですか？

斎　まあ、夜だったら、テレビのお笑い番組とか見ながら、一人で飯食べて酒飲んでますね。

マ　ちょっと寂しそうな感じがしますが。

斎　はい、正直に言うとそうですね。

マ　その気持ちを奥さんに言ってますか？

斎　言えないですよ、そんなこと。私がもともと外出をすすめていたわけだし、寂しいなんて、カッコ悪くて。それに、家事もこれまで通り完璧にやってくれていますからね。あ、でもこの間、つい一言言っちゃいました。

マ ほう。どんなことを？

斎 夕方、食事をつくり終えた妻が、「じゃあね！ これ食べてね！」と、そそくさと出かけて行くから、「おい、なんだよ！」ってね。そうしたら「え？ 出かけちゃダメなの？」って。だから「まあ、ダメじゃないけどさ」と……。けんかにはなりませんでしたが。

マ そうですか。

斎 その日の食事会は、中華料理だったらしく、妻は中華菓子のお土産を買ってきてくれて、どんな店だったかなんてことを私に話してくれました。だから文句を言える筋合いじゃないんですよ。なのにやっぱりひがんでしまうので、そんな自分が情けないんです。

マ なるほど……。まあ斎藤さん、**ひがんでしまうのは自然のこと**です。それは仕方ありませんよ。

斎 そうですかね。

マ ところで、斎藤さんは、ご自身で新しい活動をし始めているんですよね。

斎 ええ。地域の活動に加わってるんですが、今のところ、楽しくて積極的になれるものともちょっとちがうんですよね。

マ　えっ、たとえばどんなことをしたいとか、あるんですか？

斎　うーん、できるとしたら、町内の子どもたちを集めて、野外活動のノウハウを教えるとかね。

マ　いいじゃないですかあ！　斎藤さん、そんな特技があったんですね。

斎　まあ、実際できてはいないんだから、夢ものがたりみたいなもんですよ。マスターだってアドラー心理学にお詳しいじゃないですか。いったいいつ勉強しているんですか？

マ　いえいえ、私はたまにセミナーなんかに参加しているくらいですから。今日もこれから、その、アドラー心理学の話をさせていただきますよ。

斎　おっ！　出ました！

マ　人の心の状態には**「N」と「P」**があるという考え方です。

斎　NとP？

マ　Nはネガティブ、Pはポジティブ。今の斎藤さんで言えば、Nは奥さんへのひがみ、Pは自分もよく生きたいという気持ちです。

斎　ふんふん。

マ　**Nは、誰しもある当たり前の感情です。だから斎藤さんのひがむ気持ちも、あって当たり前です。だから、それを情けないと思ったりせず、スルーするんです。**

斎 Nをスルー……。

マ そう。Nスルーです。そして、PとNの割合は、常に変わります。Nを見ないようにすると、もう一方のPの割合が大きくなります。**Pはアドラー心理学の「勇気」と同じです。未来へ向かう活力です。**

斎 つまり、今の私は、Nを見ることで、Nの割合が大きくなっているんですね。

マ そうです。そこで、見るべきPは、先ほど斎藤さんがおっしゃっていた、自分自身の活動です。子どもたちを相手に活動したいという考え、とてもいいと思います。

斎 なるほど、それでさっき……。

マ 寂しさをなくすには、何か成長するものと関わることが効果的です。植物とか、ペットとか。なかでも子どもは最高です。斎藤さんの関わりを通して、子どもが成長する姿が見られたら、きっと生きがいになるはずです。

斎 うん、そう思います。

マ ただし、そうは言ってもNは強敵です。人はとかくNに支配されがちです。**Pは自分で意識しないとなかなか増えません。**

斎 そうでしょうね……。私もひがみに限ったわけじゃない。落ち込んだり、自己嫌悪にかられたり、いつもしてます。在職中もそうでした。

マ　そう。だから、もしどうしても自分でPを増やせないときは、Pを多く持っている人にPをもらうんです。

斎　Pをもらう？

マ　**Pを多く持っている人と話すと、Pをもらえます。自分のPも相手にあげることができるので、循環させれば、どんどんお互いのPが増えます。**

斎　そんな簡単にいきますかねえ。でも、Pを多く持っている人ってどんな人ですか？　見分けられるものではないですよね？

マ　究極のPの持ち主はたとえばご先祖さまだと、私は思っています。ご先祖さまとのつながり、これは永久不滅です。私は毎朝手を合わせますが、それだけでPが増える感じがしますよ。

斎　なるほどねえ。いやあ〜、だからマスターは、Pをたくさん持っているんですね！

マ　ええ、いつでもたっぷり持ってますよ！

斎　はあ〜、恐れ入りました！　相変わらずさすがですね。今日もマスターのP、いただきましたよ。

マ　またNの割合が大きくなってしまったら、いつでもいらしてくださいね。

Adler's Bar

アドラー心理学講座14

PとN

人の心にはP（ポジティブ）とN（ネガティブ）があります。どちらの感情もあって当たり前なので、Nを持つ自分を悲観することはありません。多くの人は、とかくNに支配されがちなものです。一方、Pは活力を与えなければどんどん減っていってしまうため、意識的に増やすことが必要です。

P＝ポジティブ

愛、思いやり、勇気、感謝、自己肯定など。減りやすいが、増やすことはできる。

N＝ネガティブ

怒り、不満、ひがみ、傲慢、自己否定など。増えやすいが、見ないことで対処できる。

Pの増やし方

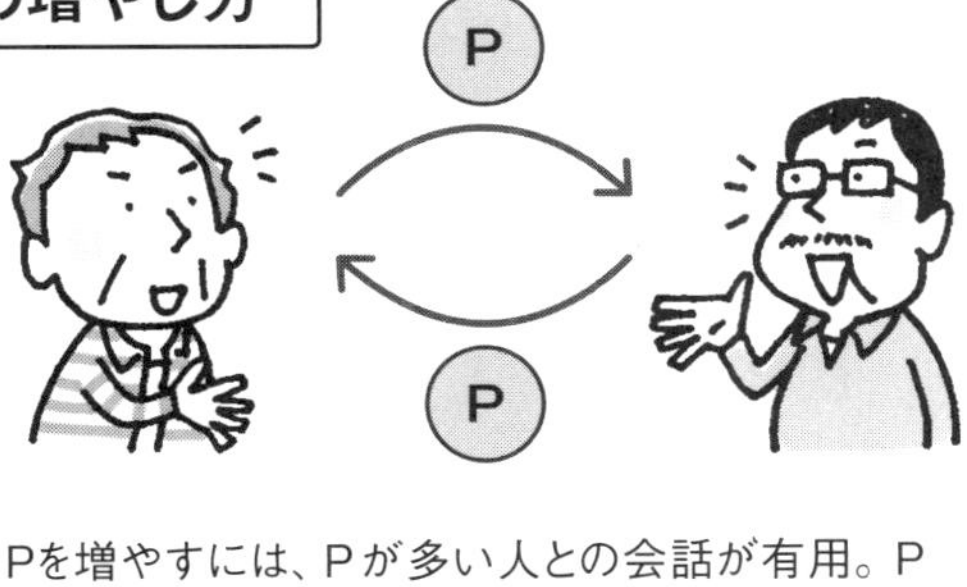

Pを増やすには、Pが多い人との会話が有用。Pは人からもらうことができる。これをP循環と言う。

No.15

離婚をせまられた。一人でどうやって生きていけばいいのか……

南氏
59歳（既婚）
一人娘は巣立ち、妻との二人暮らし。まもなく定年を迎える。口数が少なく内向的。情にもろい一面も。

——落ち込んだ表情の南氏。カウンターで深くため息をついている。

マスター どうしました？　とてもつらそうにお見受けしますが。

南氏 ショックなことがありまして……。どうしたらよいものか……。

マ よかったら話してみてくださいよ。楽になれるかもしれませんから。お湯割り、おかわりでいいですか？

南 ああ、ありがとうございます。……実は、妻に突然離婚をせまられたのです。

マ ええ……!?　最近ですか？

南 昨日です……。

マ 昨日！　突然とは、何の前ぶれもなく、ですね。

南 はい。テレビを見ていたら、「あと1ヵ月よね」と話しかけられたんです。「何が？」と言

No.15

離婚をせまられた。
一人でどうやって生きていけばいいのか……

ったら、「定年が」って言うんです。

マ あ、もう南さん、定年なんですね。

南 はい。今、有休消化期間なんです。今週は業務引き継ぎがあるので、出社してますが。

マ なるほど。

南 そうしたら……、「定年になるその日に離婚してほしい」って言われたんです。

マ ええっ？　何か離婚をせまられるような心当たりは？

南 ないんです。特にけんかしていたわけでもないし。

マ 理由は聞かなかったんですか？

南 理由は言えないというんです。取りつく島もありませんでした。

マ ほう……。

南 まさか私以外に？　とも尋ねてみました。

マ はい。

南 そうしたら、ちょっと私の顔を見た後、ため息をついただけでした。

マ ……。それは困りましたねえ。

南 どうしたらいいでしょうね。今晩帰ってまた話をしたいのですが。

マ 南さんは離婚したくないんですよね。

南　もちろんです。私には妻が必要です。なんとか思いとどまってほしいです。

マ　であれば、とにかく理由を聞きましょう。ただし命令口調でなく、お願い口調で。理由を聞かせてもらえないかな、という感じです。感情的にならないように。

南　そうですね。けんかになったら逆効果ですからね。そうします。

マ　じゃあ、あまり飲みすぎないうちに。ご健闘を祈ります。

——半年後。

マ　いらっしゃいませ。

南　……。お湯割りを。

マ　はい、どうぞ。

南　……。聞きづらいと思うので先に言いますが、結局説得はできず、離婚しました。

マ　はあ……、そうですか。

南　宣告通り、定年の日の当日に。妻はそれ以来、家にいません。

マ　理由は聞けたのですか？

南　いえ、何も言ってくれませんでした。

マ　そうですか。南さん、お嬢さんがいらっしゃいましたよね。

No.15
離婚をせまられた。
一人でどうやって生きていけばいいのか……

南 ええ、結婚して九州にいます。顔は見せませんが。今回の件で、妻と連絡をとっていたかどうかはわかりません。

マ 今でも離婚の心当たりはありませんか？

南 そうですね……。ないのですが、いろいろ考えたことはあります。

マ ほう……。

南 私と妻は社内恋愛結婚でした。私はご覧の通り、強面《こわもて》だし、口下手だし、体はでかいし、とっつきにくい人間に見られると思います。でも妻は私と笑顔で接してくれて、それが本当に嬉しくて、結婚できて本当に自分は幸せだと思っていました。家に帰ると灯《あか》りがついていて、食事も用意されていて、給料はそこそこでしたが、妻は家事も子育ても一生懸命やってくれました。私は無趣味な人間ですが、家庭があったおかげで、会社も最後まで勤め上げることができました。でも、妻と外出はあまりしませんでした。旅行もしなかったから、妻にとっては、あまりおもしろみのない結婚生活だったのかな、とは思いました。

マ 食事のときはどんな会話をしていたのですか？

南 あまりしゃべりませんでしたね。私が饒舌《じょうぜつ》ではないので……。

マ 寝室はご夫婦一緒だったのですか？

南 いいえ、40代後半には別々になりました。妻が気乗りしない感じになりましたし、私自身もそれはそれで構わなかったので。

マ　そうですか……。まあ、もう今となっては、理由がわかっても仕方ありませんよね。それよりも、南さんのこれからを考えたほうがいいかもしれませんね。

南　これからと言われても、何の生きがいも感じられません。いて当たり前だった妻のいない生活が、これほど寂しく、虚しいものだとは、思いもよりませんでした。今、本当に孤独な毎日です。

マ　孤独ですか……。

南　どうしたらいいんですかねえ……。

マ　ちなみに、今は毎日、何をされているのですか？

南　本当にすることがないので、企業のビルの守衛の仕事に就きました。

マ　ほう。いかがですか？

南　夜中のシフトなので、ほとんど人には会いません。朝夕の交替時に会うだけです。退屈ではありますが、仕事の性質上、それが喜ばしいことではあります。

マ　いいじゃありませんか！　それ、**他者貢献**ですよ。

南　他者貢献？

マ　ええ。わかりやすく言えば、他者貢献の究極は、ボランティア活動、つまり社会貢献です。

自ら進んで社会のために働き、見返りを求めないことです。

南 そういえば、災害ボランティアなどで、各地の自然災害の救助や支援活動をしている人が、最近は増えてきていますよね。

マ 心理学者のアドラーは、「**人間の幸福感は他者貢献で得られる**」と言っています。社会の役に立つと、感謝が返ってきます。お金なんてもらわなくても、「ありがとう！」と言われれば、素直に嬉しくなりませんか？

南 たしかにそうですね。

マ アドラーは、「**人間は孤独では生きられない**」と言っています。**孤独とは、自分の居場所が不確かで、まわりから必要とされていないときに生じる感情**です。

南 そうだな、まさにそうです。

マ 南さん、その孤独を解消するには、こちらから人につながっていくんです。まわりの人たちの役に立っていることは、とりもなおさず、その人たちと一体になっていることですから。

南 なるほどな。守衛の仕事以外にもボランティア活動をしてみようかなあ。

マ ボランティアといっても、災害ボランティア以外にもいろいろありますからね。マラソンなどのスポーツの大会やイベントとか。ただ、南さんの始められた守衛の仕事も、社員の人たちに十分貢献しているわけですからね。しばらく続けていれば、他者貢献の実感もわくのではないでしょうか。

南 そうか、私は他者貢献しているのか……。

マ そうです。要は、何でもいいんです。**他者貢献をしていれば、孤独は感じず、貢献感がそのまま生きる力につながる**はずです。

南 元気が出てきました。ありがとうございます。他者貢献はいつでもどこでも、一生できますからね。ところで、マスターの仕事はずっと続けられるからいいですね。

マ そうなんです。実は私がこの仕事をしているのは、その理由が大きいんですよ。まあ、私もいろいろありましたからね、ここに至るまで。

南 えっ、そうなんですか？　何があったんですか？

マ それは話が長くなりますよ。また今度にしましょう。

Adler's Bar

アドラー心理学講座 *15*

他者（社会）貢献

人間は孤独には耐えられない生き物です。話し相手がいない孤独以外にも、集団の中で居心地の悪さを感じ、孤独感にさいなまれることがあります。そんなとき、アドラー心理学では、他者（社会）貢献を考えます。まわりの役に立っているという実感は、貢献感となり、孤独感から抜け出すことができるのです。

＜ 孤独を感じる3つの要因 ＞

信頼感の欠如

誰も信じられない。相談できる人がいない。

存在意義の欠如

自分は必要とされていない。いなくてもいい。

居場所の欠如

安らげる場所がない。集団になじめない。

他者（社会）貢献することで、一体感を得る

まわりの人と仲間意識を持って行動することで、
役に立つと感じることができ、孤独を感じなくなる。

No. 16

若い人に恋心を抱いてしまった

小林氏
61歳（既婚）
妻との二人暮らし。昨年まで企業の総務に務めていたが、定年退職。妻は別企業の現役社員。

小林氏 ああ、マスター！

マスター どうしましたか？

小 聞いてくれる？　今日は誰にも言ってない話をしに来たんだ。

マ ほう、極秘情報ですね。聞きますよ。喉《のど》も渇くでしょうから、はい、生中。

小 実はさ、信じられないかもしれないけど、恋の話なんだ。

マ ほう……。信じられない恋？　誰の、どんな恋ですか。

小 この俺のだよ。相手は28歳も年下。

マ 小林さんは……61歳になったんでしたっけ。

小 そう。だから彼女は33歳。

マ ほう。どこで出会ったんですか。まさかキャ……。

小 そんなところ行かないよ。俺みたいなさえない男、モテるわけないもん。

マ そうでしたよね。行かないって言ってましたよね。

小 浮気とか不倫とか、自分とは別世界のことと思ってたんだけどなあ。自分でも信じられないんだよ。

マ ほう、浮気ですか……。

小 いや、してない。してないんだけどしそうになってるというか、いや、そもそも浮気とはちがうというか……。とにかく話すよ！

小 俺、去年退職したときさ、隣の課の女子から相談を受けたの。俺と入れ替わりに俺の課への異動が決まったってことで。それまでもコピー室とかエレベーターとかで会うと、挨拶くらいはしてた子なんだけどね。和風美人ていうかさ。

マ で、相談に乗ったんですか？

小 そう。話を聞いて、励ました。で、その1ヵ月後、彼女からメールが来たんだよ！ たわいもない内容だったんだけど、何かもっと相談したいことでもあるのかなと思って、俺、食事に誘っちゃったんだよな。そしたらさ、会えたんだよ。二人で。あの日は年甲斐《がい》もなく緊張したよ。

マ ほう。

小 驚いたのはさ、彼女、在職中の俺のことをよく見てたんだよ。仕事内容も知ってたし。こんなことならもっと話しておくんだった。定年退職が恨めしいよ。

マ で、相談ごとはあったんですか？

小 うん、あった。会社の話もしたよ。で、彼女さ、俺のことすごくほめてくれるんだ。俺は人から信頼されてたとか、おしゃれだとか。へへへ。

マ ははは。それは嬉しいですね。

小 でさ、それから毎月会ってるんだよ。

マ 毎月食事してるんですか？

小 うん。食べたり飲んだり、遊園地とかも行った。

マ 奥さんは？

小 知らないと思う。俺、人と外で会うこと結構あるんだけど、いちいち誰と会うとか言って出かけないから、友達と会ってると思ってるはず。

マ なるほど。じゃあ、これからも会うと。

小 実はさ、この間、手をちょっとだけつないじゃったんだよ。信号待ちのとき、手が触れちゃったんで、その勢いで。

マ ほう。

小 だから、次、会ったときどうしようかと思ってさ。

マ どうしようとは？

小 だから、もっと手をつなごうとか……、思い切ってホテル……とか旅行とかさ。

マ ほう、そこまで。

小 だって考えてみてよ。こんな俺のどこがいいんだ？ なぜつき合ってくれるんだ？ 俺はむちゃくちゃ楽しいけど、彼女も楽しいって言ってくれるんだぜ。俺、妻子あるし、年取ってるし、ブ男だし、何のメリットもないだろ？ でもこうして何度も会えるってことは、本当に俺ら、仲がいいんだと思う。つまり、お互い本当に最高のパートナーかもしれないんだよ！ まあ、でも今の俺に肉体的能力があるかどうかもわからないんだけどさ。

マ 彼女は結婚してないんですか？

小 してないよ。彼氏もいないんだって。そこに嘘はないと思う。いないのが不思議なんだけど。はあ……。

マ 奥さんより彼女のほうがいいんですか？

小 そう、そこだよ。もしも彼女と旅行ＯＫなら……、そしてうまくいったら……、俺は、彼女と生きていきたいと思ってるんだ。でも、今話したことは、全部俺の妄想かもしれないし。そうなれば、俺には妻しかいない。だったらこんな状態、早く終わらせたほうがいいだろ……。

マ　生中もう一杯いかがですか？

小　あ、どうも。ああー。どうしたらいいんだろうな……。

マ　どうしたらいいか悩んだとき、アドラー心理学では「**行動の結末を予測する**」という考え方をします。人生を決定するのは自分自身ですが、**感情を優先せず、こうしたらどうなるか、ということを言葉に出して想像する**んです。

小　行動の結末？

マ　ではまず1つ目、小林さん、彼女と一緒になるとして、そのとき小林さんの生活はどんなふうになるか想像してみてください。

小　全く新しい、それこそ第二の人生が始まるだろうな。彼女の好みのインテリアの家で、食べる料理も変わるだろうし。めくるめく青春のよみがえった世界。俺も再雇用か何かでガンガン働くんだ。

マ　ご家族はどうでしょうかね。

小　とにかく謝るしかないんだけど、許されるわけないよな。俺だけ勝手なことして。家族を傷つけると思う。親戚中が驚くと思うし。おふくろなんて怒り狂うだろうな。慰謝料をありったけ払っても、罪は償い切れるもんじゃない。

マ そうですか。では2つ目。彼女とのつき合いを終わりにしたら？

小 俺はきっと泣く。彼女はどう思うだろう……。「なんで？」って驚くかな、それともすんなり「わかりました」かな。でも、とにかく俺は悲しい。ああ、こんなこと想像もしたくないよ……。

マ でも、そのときのご家族は？

小 そりゃあ、俺が胸に秘めているだけだから、何事もなく、今まで通り平和な世界だろうな。妻への気持ちもこれまでと変わることはない。

マ 選択肢はその2つだけですかね。

小 あとは、先送り。現状維持……かな。

マ 現状維持とは？

小 彼女には会うけど、特にアクションは起こさないってこと。

マ ふむ。そうした場合は、どうなりますか？

小 俺の切ない思いが続くだけ。家族は特に変わらず。もしかしたら妻が何か気づく可能性はあるけど、それは今のところない。

マ なるほど。だいぶ整理できましたね。では、3つ選択肢が出てきましたが、小林さんは今、どれを選びます？

小 うーん。今の俺に、彼女と一緒になることを選ぶ勇気はないな。言葉にしてみてよくわかった。かといって別れるのも、悲しすぎて耐えられない。これも言葉にしてみて、心にあく穴の大きさを実感したよ。ってことは消去法になるけど、3つ目の現状維持しかないな。

マ ほら。答えが出ました。それが小林さん自身が冷静に考えて出した、答えです。**もし彼女が何か行動を起こしてきて、どうしたらいいかわからなくなったら、また今のように想像して、言葉にしてみればいいですよ。**

小 そうだな。状況が変わることはまだ十分考えられる。それでもまた想像が独りよがりになりそうになったら、ここに来るよ。

マ ええ、そうしてください。私はいつでもお手伝いしますので。

アドラー心理学講座16

行動の結末を予測する

アドラーは、「人間は自分の人生を描く画家である」という言葉を残しています。自分の人生は人のせいにできません。最終的に自分の人生は、自分で選択しています。アドラー心理学ではこれを「自己決定性」(P.151)と言います。そのために客観的に自分を見つめて、言葉を使ってシミュレーションしてみましょう。

(小林さんのシミュレーション)

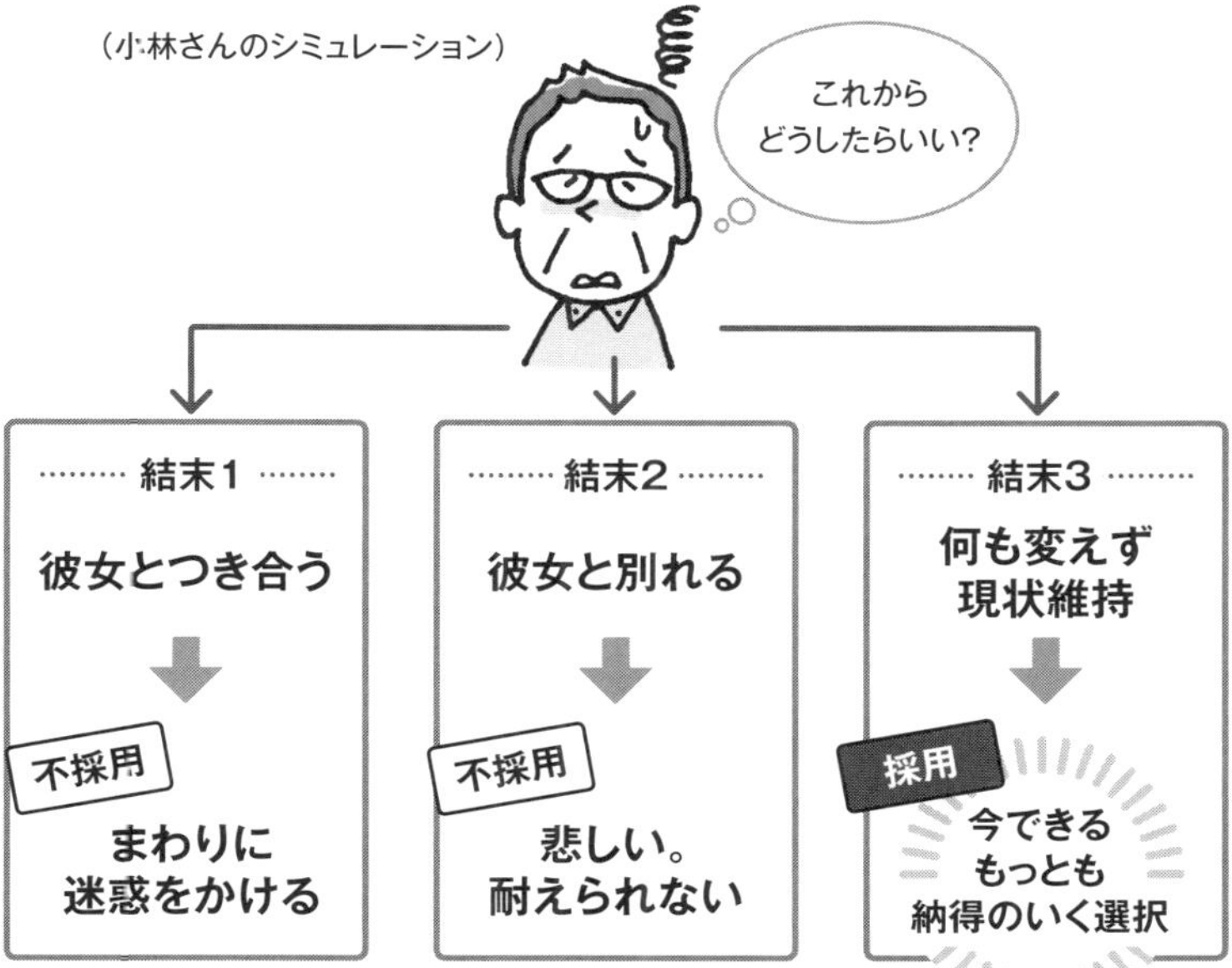

シミュレーションをするときは、誰かに話したり、
紙に書いたりして、実際に言葉にすることが大事です。

マスターのひとりごと

社会における共同体の、最小単位の一つは、夫婦です。しかし、子育てを終えて二人の暮らしが始まり、定年退職をして一緒に過ごす時間が多くなると、とたんに女性が困惑し、うまくいかなくなる夫婦は少なくありません。離婚に至ってしまうケースもあります。しかし、これからの接し方次第で、改めて関係をよくすることはできます。

結婚して一緒にいることが当たり前になると、相手に対する関心が薄れてしまいます。アドラーは「他者に関心を持たないと、いつのまにか自分を世界の中心のように思ってしまう」と言います。相手が思うように動かないことに、いら立ちやすれちがいを感じてしまうのです。接し方というより、肝心なのは相手を理解しようとすることです。

夫婦といえど、しょせんは他人です。なんでもわかっているとは思わず、出会ったころのように新鮮な目で、一人の人間として相手の関心に関心を持ち、相手を受け止めてみましょう。

Chapter 4

老いと人生

No.17

老いていくのが怖い

西田氏
63歳（既婚）
運転歴40年の現役タクシードライバー。定年まで、あと2年。仕事が好きで誇りを持っている。愛妻家。

――ため息をつく西田氏。

マスター どうしました？　さっきからため息が多いようですが。

西田氏 マスター、年をとるって怖いと思いませんか？

マ ははは。突然ですね。どうかなさったんですか？

西 いや、最近、ちょっと物忘れがひどくなった気がしてまして。

マ えっ、そうなんですか？

西 もしかして認知症の始まりなんじゃないかと思うと、怖くなってしまって。

マ でも西田さん、今もお仕事されていますよね。たしかタクシードライバーの。それは大丈夫なんですか？

西 うん。今のところ仕事に支障は出ていないんですが、物忘れが多くなったことに気がついたのが、仕事中だったんです。

マ　ほう。何があったんですか？

西　もう40年近くこの界隈を走っていますので、まさに家の庭という感じで、ナビはつけていますが、これまで全く見てなかったんですよ。

マ　へえ！　さすがですね。

西　ところが1ヵ月ほど前に、ふと、いつも通っていた道でいいのか不安になり、初めてナビを使って確認してしまったんです。

マ　それで？

西　結局その道で正しかったんですが、季節が変わっていたために、別の道のように錯覚してしまったんですね。

マ　まあ、私レベルだと、そうしたことは年がら年中ですけどね。

西　でも私は、ちょっとショックでした。それでふと日常を振り返ったのですが、物忘れが激しくなっていることに気づきました。最近、人の名前が出てこなかったり、鍵をどこに置いたかわからなくなったり、同じ雑誌を2回買ってしまったりしているなあ、と。

マ　そんなこと、しょっちゅうありますよ！　西田さんは、これまでなかったんですか？

西　いえ、これまでもありました。ただ、あまり気に留めていませんでした。そんなこともあるだろうと。ですが今回、道が不安になったことで、そうした記憶の衰えを、急に深刻に感じ始めたんです。

マ なるほど……。

西 だって、自分では死に方を選べないじゃないですか。認知症になって女房の顔もわからなくなって死んでいくのか? とか、闘病生活を送ることになるのか? とか……。いつか死ぬことはわかっているのですが、それがどうにもこうにも。

マ うーん。物忘れのこと、奥さんには話されました?

西 いえ、まだ話してないです。自分でもこの急速に来た老いへの恐怖が病的にも思えて、人に言うのをためらってしまうんです。しかも仕事が車の運転ですから、女房を心配させるのもよくないな、と思いまして。

マ そうですか。でも、今のところ、仕事には支障はないんですよね?

西 はい。本当に道をまちがえたり、何かあったりしたら大変なので、ナビを必ず見るようになりましたし、さらに運転は慎重になりましたから。

マ そうですか。でも今後が不安なんですね。

西 はい。これ以上物忘れがひどくなったら、もう続けられないと思います。

マ でもナビで確認して慎重な運転をなさっていれば、大丈夫じゃないですか?

西 でも……いずれはどうなるか……。

マ お湯割り、おかわりしましょうか？

西 え、あ、お願いします。

マ 西田さん、アドラーという心理学者は、「**人間は、自らの運命をつくり出す力を持っている**」とし、そのための舵取りを「**自己決定性**」と言っています。

西 ん？

マ つまり「老い」を例に言えば、**老いを恐怖と思うか、または当たり前と思って受け入れるかは、自分が選んでいる、**ということです。

西 ははあ……。

マ つまり、西田さんは、老いを恐怖と思うことを選び始めているんです。露骨な言葉で言ってしまうと、西田さん自身で、老いを恐怖に仕立て上げ、不安をつくり出してしまった、と言えると思います。

西 なるほど。ということは、私の不安は、自分でつくり出したものってことですか？

マ そんなふうに感じますね。

西 でも、一度つくり出してしまった不安を、消すのは難しいですよね？

マ　ではもう一つ、老いへの不安から逃れるための、アドラーの教えを説いてみますね。アドラー心理学は現在から未来へ向かう「目的論」（P.25）に根ざしています。「これから何ができるか」と考えることが大事だということです。

西　これから何ができるかを考えるんですか？　老いに向かって？

マ　そう。まさに西田さんが向かうのは老い。そこがポイントです。未来がまだまだある若い世代と比べて、60代が見据える未来は、「死」です。これからやってくる、死に対してはどうすることもできませんよね。

西　そうです。若い世代みたいに明るい未来ばかり見られませんよ。

マ　そうなると、取り組むべきは「**今できること**」です。**今を充実させるために、どう生きるかを考える**んです。

西　ふむ。

マ　物忘れがひどくなって仕事ができなくなるかも……と、まだ見ぬ未来を思って不安になっていても仕方ないですよ。だったら、今を充実させることに目を向けたほうが楽しくないですか？

西　充実した今を過ごすとしたら……、やはり仕事だなあ。

マ　それでいいと思いますよ。だったら、これまで通り、仕事を続けましょうよ！　それにしても、西田さんは本当にタクシードライバーの仕事が好きで、仕事に誇りを持っていらっしゃるんですね。

西 まあ、それほどのことでもないですが。でも仕事は好きです。この仕事はいろいろな人に会えますし、いろんなところに行けますし、運転が大好きで選んだ仕事なんです。だからできる限り、長く続けたいと思っていて。

マ そうですか。それならなおさら、不安で頭をいっぱいにして、せっかくの好きな仕事を楽しめなくなっているなんて、「今」がもったいないですよ。

西 そう言われてみるとそうですね。

マ それに、今できることは、仕事に限りません。日常のこと全部です。朝起きて洗面して、ご飯を食べて家を出る。一つ一つについて、今自分にできることだと実感するんです。

西 そうか、今こうしてマスターと話しているのも、これを今自分ができるからこそなんですね。

マ それと、老いとか死とか、そうしたあらがえないものへの不安は、共通の不安を持っている人同士で話し、分かち合うのもいいですよ。

西 みんなも、同じような不安をかかえているものですかね。

マ ええ、よく聞きますよ。この店にいらっしゃる方々からもいろいろと。最近、老人会みたいな集まりが少なくなったようですから、ここをぜひ、そうした場にしていただいてかまいません。よかったら紹介します。

西 そうですか！　それはぜひ。

マ でも、西田さん、私も西田さんと同じような年であることをお忘れなく。

西 あっ、そうなんですか。マスターは年齢がわかりにくいので。

マ 私だって、老いへの不安とのつき合い方を、日々考えてるんですから。

西 マスターが!?　どんなことだろう。聞いてみたいですね。

マ では今度ここで60代以上限定のイベントでも開きましょうか。

西 賛成です。ぜひ参加させてくださいね！

アドラー心理学講座 *17*

自己決定性

人は、あらゆる出来事に対して自分自身で意味づけを行い、それに向けて対処していきます。つまり、同じことがらでも、どうとらえるかは自分次第という意味です。これはアドラー心理学の「自己決定性」という理論です。アドラーは、「人間は自分自身の人生を描く画家である」という言葉も残しています。

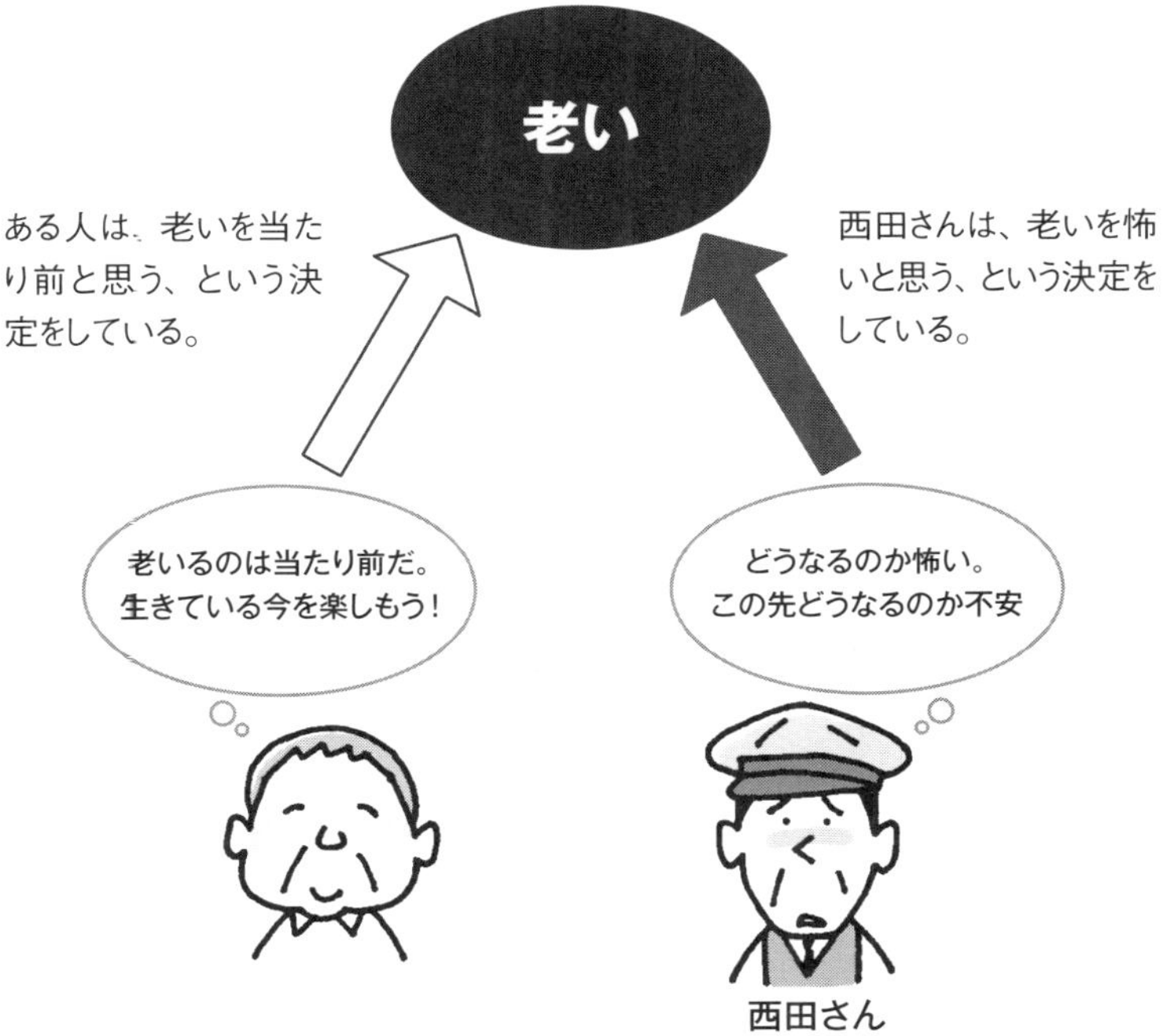

No. 18

盗撮グセがやめられない

山口氏
63歳（既婚）
現役の女子大学の文学部教授。さわやかで誠実な印象で、学生からも人気がある。妻との二人暮らし。

マスター　いらっしゃいませ。お久しぶりですね。

山口氏　はあ……。

マ　どうしました？　先生、何かあったんですか？

山　ちょっとこのままだとまずいので。マスターに相談に乗ってもらいたいんです。口の堅いマスターを見込んで。

マ　ええ、いいですよ。誰にも言いません。はい、じゃあまずビールでも。

山　ああ、ありがとう。

山　……実は、私は犯罪を犯しているんだ。今日もやってしまいました。

マ　えっ！　犯罪ですか？

山 世間では私の行為を、「盗撮」と言いますね。

マ ほお……、盗撮……。先生は現役の女子大の教授ですよね。では学校で？

山 いえ、さすがに学内ではやってません。なぜか抑止力が働くようなんです。

マ じゃあ、別の場所……？

山 そう。今日は隣の駅のショッピングモールだった……。大学の教員同士の集まりがあったんですが、解散して一人になったとき、エスカレーターで目の前にいる女性のスカートの下に……動画モードにしたスマホで……。

マ これまでにも、何回かやっているのですか。

山 うん……、過去3回。……今日で4回目です。覗きたいとか、下着が好きとか、そういう性的な欲求とはちがうんです。ふざけでもありません。なぜか衝動的に……。

マ ご家族には話してないんですか？

山 話せないよ！　話すわけない。

マ やめたいですか？

山 やめたいです。もちろん。バレたら捕まります。職を失います。家族にも迷惑がかかります。

マ そうですよね。でも、やめられないんですね……。

山 そう、それが不思議なんです。やってしまった後、ものすごい自己嫌悪に陥って、もう二度とやらないと誓うんです。でもやってしまう。その後も、その次も同じ。やるまい、やるまいと思っているのに、気がつくと手が動いているんです。

マ 今お持ちの、そのスマホを使っているのですか？

山 うん、これです。

マ 本当にやめたいですか？

山 本当にやめたいです。

マ じゃあ、私がそのスマホに、パスロックをかけましょう。暗証番号を入れて、カメラ機能にロックをかけるんです。

山 なるほど！　動画を撮ろうにも撮れなくするんですね。

マ そうです。ただし他の写真や動画も撮れなくなってしまいますが。

山 大丈夫。もともとほとんどカメラ機能を使っていないので。

マ では、その中に入っている、今日撮った動画を消してください。

山 あっ、そうか。それも消すのか……。

マ まさか未練が？

山 ないない！　あるわけない。もちろん消せるよ。

マ　ではお願いします。

——その日に撮った動画を削除し、スマホをマスターに渡す山本氏。

マ　はい。じゃあこれ、お返しします。どうしてもロックを外す必要が出た場合は、またいらしてください。解除します。

山　ありがとうございます。

マ　次は水割りでも。はい。

山　ああ、どうも。

マ　じゃあもう少し、なぜ盗撮してしまうのか考えてみましょうよ。

山　そうですね。根本的な解決になっていませんからね……。

マ　先生はふだん、何かストレスは感じてますか？

山　いやあ……。自覚はありません。

マ　先生は今の大学に何年くらいいらっしゃるんでしたっけ。

山　まる10年経ちましたね。

マ　そうですか。定年まであと何年ですか？

山　うちの大学の定年は65歳なので、あと2年です。

マ　定年になったら何をなさりたいですか?

山　そうだなあ。まずは本を読みたいなあ。本は資料としてたくさんあるんですが、完読したものは少ないんです。大学にいると、行事や運営に関わることもしなければならないので、自分の読書の時間は、思うようには持てないんですよ。

マ　じゃあ、定年が楽しみですね。

山　そうですね……。ただ現役の時間は、長いようでいて短かくて。やり残した気持ちもありますね。その点はちょっと残念であり寂しくもあります。

マ　山本さんは**優越性への追求**のエネルギーが今、盗撮に使われている、と考えられますね。

山　優越性への追求?

マ　心理学者のアドラーの考え方です。**人間は現状にとどまらず、常に変化しようとする**という意味です。優越性は「理想」とも言い換えられます。**人間には向かう先があり、現実と理想にはギャップがあります。人間はそのギャップを埋めていくためのエネルギーを持っている**というのです。

山　ふむ……それが?

マ　つまり先生が持っている、優越性を追求するためのエネルギーが「盗撮」という、悪い使われ方をしているのかもしれません。でも、エネルギーがあることは、とてもいいことなんです。だから、**ご自分を責める必要はありません。やってしまうのは自分ですが、それをやめたいのも自分です。人間はいろいろな面を持っていますが、それらを全部自分として肯定する**のが、アドラーの考え方です。

山 そうですか……。でもそれがわかったところで、どうしたらいいのですか?

マ 先生は特にストレスの自覚はないとおっしゃいました。でもやはりお忙しい毎日を過ごされているのは、お話からわかります。一方でその生活は、否応なしに2年後に終わる。いろいろなお気持ちの変化があってもおかしくありません。

山 ふむ……。

マ 定年後は読書をしたいと楽しみに思う気持ちと、現役が終わってしまうことを物足りなく思う気持ちが混在しているようです。

山 なるほど……。

マ もうスマホで盗撮はできません。だから、**次に先生ご自身のエネルギーがどこへ向かうか、ご自分を観察してみるといい**と思います。

山 盗撮に使われたエネルギーが、次に向かうところ……。どこなんでしょう。少し怖い気もしますが。

マ 大丈夫ですよ。先生はさっき、盗撮の衝動が性的な欲求とはちがうとおっしゃいました。そう自分で感じるのであれば、同じ方向にはいかないでしょう。きっと何か別の方向にいくはずです。

山 そうか……。でもどうやって自分を観察すれば？

マ そうですね。たとえばあらためて日記を書くのもおすすめです。毎日でなくても、何かあった日だけ、書き留めておくのもいいですよ。

山 なるほど。自分はけっこうマメなほうなので、できそうです。

マ それはよかった。エネルギーが次に向かうところが見つかったら、教えてください。しかし、私にも言えることですが、年齢と環境は、その人に想像以上に大きな影響を与えるものですよね。

山 そうですね、まわりの同年代の教授たちを見ていても、そう思います。

マ 話に来るだけでも、またどうぞいらしてください。

Adler's Bar

アドラー心理学講座 18

優越性への追求

アドラー心理学では、人は誰しも目指すべき理想像を求めて生きているとして、これを「優越性への追求」と言います。このエネルギーがプラスに働けば、さらに向上し、目標に向かう力となります。しかし、現実がなかなか理想通りにならないと、無意識のうちに、向かうべきエネルギーの方向が、マイナス、または思いがけない方向へ発現してしまうことがあるのです。

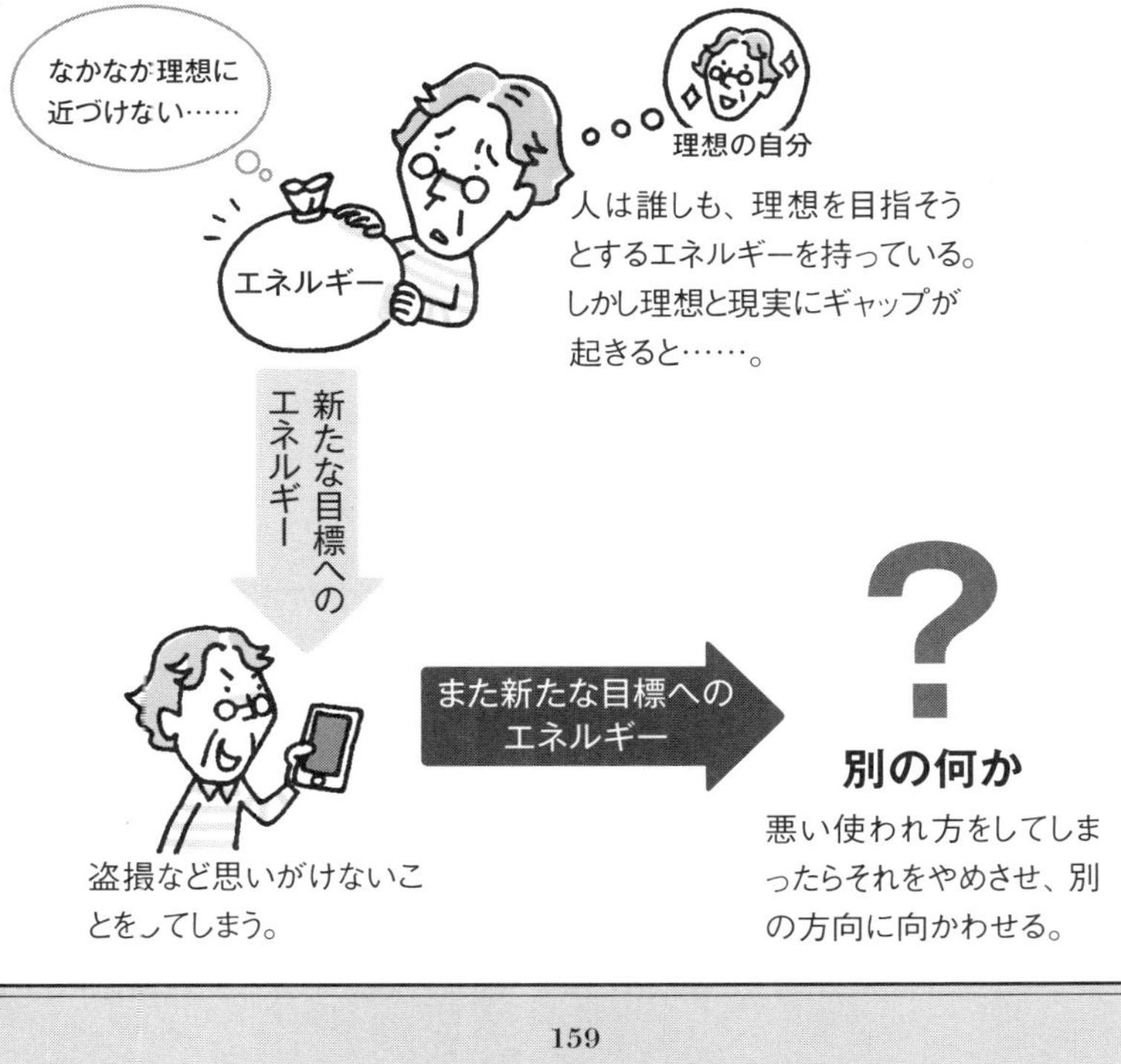

なかなか理想に近づけない……
理想の自分
人は誰しも、理想を目指そうとするエネルギーを持っている。しかし理想と現実にギャップが起きると……。
エネルギー
新たな目標へのエネルギー
また新たな目標へのエネルギー
別の何か
悪い使われ方をしてしまったらそれをやめさせ、別の方向に向かわせる。
盗撮など思いがけないことをしてしまう。

No. 19

精力がめっきり弱くなってしまった

北村氏
62歳（既婚）
30代のときに離婚。53歳のときに仕事関係で出会った年の離れた妻と再婚し、子どもはおらず、二人暮らし。

マスター　北村さん、最近よくいらしてくださいますね。

北村氏　ああ、いやいや。なんか、マスターの顔をつい見にきたくなっちゃって。

——黙り込み、暗い表情の北村氏。

マ　あれ？　どうしました？

北　……最近妻とやってないんですよ。

マ　やってないとは、……夜のアレのことですか？

北　うん。

マ　どうしたんですか？

北　どうしたと言われても、私ももう62歳です。さすがに力もなくなってきてね。

マ ああ〜、それはそれは。あれ？　奥さんはたしかけっこうお若いんでしたよね。

北 そう。年の差婚だったから、女房はまだ47歳なんだよ。

マ 奥さんは何と言ってるんですか？

北 「気にしないで」って言ってるけどね。

マ それは、セックスしてないことについてですか？

北 いや、力尽きちゃうことについて。「別にいいよ」って言ってくれてる。

マ セックスをしてないことについては？

北 いや、別に。オレが機能的にできないからしないんだ、と思ってるだけじゃないかな。

マ なるほど……。北村さん、セックスって何のためにするんですかね。

北 そうだなあ。オレも哲学的なことはわからないけど、子どもをつくる目的がなければ、やっぱ、究極の快楽？　かな。快楽があるからこそ、男も女もやるんじゃないの？

マ そうですよね。夫婦の場合はどうでしょう？　快楽だけですかね。

北 夫婦だったら、やっぱ、あれよ。照れくさいけど、愛ってやつ？　愛を確かめ合う。オレはいつまでもお前が好きだよ！　って気持ちの確認。

マ そうですね。私もそう思います。でしたら奥さんにとっても同じだと思いますよ。奥さんは北村さんから「いつまでも好きだよ！」っていう気持ちを受け取り、「自分も北村さんを愛している」ことを確認するんじゃありませんか。

北 最後までできなくても？

マ ええ。奥さんは「別にいいよ」っておっしゃってるんですよね。

北 うん。

マ それ、「今日できなかったけど、次はきっと大丈夫よ」という意味よりもむしろ、「そんなことできなくても、私たちの愛は変わらないから気にしないで」って意味に聞こえますよ。私には。

北 ええ？　そうなの？

マ 私は第三者ですし、断言はできませんが。確かめてみたらいいんじゃないですか？

北 ええ？　オレが？　口に出して？

マ はい。

北 恥ずかしいなあ……。

マ 心理学者のアドラーは、人生で直面する課題を「**ライフタスク**」と呼んでいます。ライフタスクには、**仕事**、**交友**、**愛**の３つのタスクがあります。このうち、愛のタスクが夫婦や家族との課題です。

北 愛のタスク。

マ　そうです。北村さんの場合、最近セックスレスになり、それについて特に奥さんと話をしてないとおっしゃいましたよね。

北　うん、そうだね。

マ　照れくさくても恥ずかしくても話したほうがいいですよ。アドラーは、**3つのタスクに向き合えてこそ、人生を豊かに送れる**と言います。

北　へえ……。

マ　北村さんの**愛のタスクは、二人で取り組む課題です**。相手のことを考えて話し合う。二人で取り組むこと自体が、すでに愛の確認になります。

北　そういうものか。

マ　私の知っている人には、もっとずっと若い年齢で弱くなった方がたくさんいます。そのまま話し合わずにセックスレスになった人もたくさんいますが、二人で話し合って、幸せなセックスのあり方を模索している人もいますよ。

北　へえ、そんなにいろいろなセックスがあるの？

マ　考え方次第です。ペッティングでもいい。お二人でお風呂に入るなんてのも広い意味でセックスと言えると思います。

北　一緒に風呂！　なるほど～。そんなものか。

マ 手をつないで寝るだけだっていいんですよ。二人がそれで満足できるなら。

北 そうか。最後までできなくなったら男として終わったと思っていたけど、愛を確かめ合うには、それだけがすべてではないんだな。

マ そうですよ。女性と男性の体はちがいますから私もわかりませんが、女性は男性が思うほど、フィニッシュを求めていないものだと聞きますよ。

北 そうなの？

マ 人によるかもしれませんけどね。そういったデリケートなことだからこそ、本音で話し合ってみないとわからないんです。

北 たしかにな。

マ ほらほら、私の顔なんか見てないで、早く帰ったほうがいいんじゃないですか？

北 うん。じゃあ、これを飲み終わったら、帰るかな。

マ はい。では、ごゆっくり。

アドラー心理学講座19

ライフタスク

アドラー心理学の「ライフタスク」とは、私たちが人生で直面する課題です。「仕事のタスク」「交友のタスク」「愛のタスク」があります。3つのライフタスクのどれが欠けても、幸福な人生を過ごすことはできないとされます。さらにタスク同士は、互いに関わり合うため、一つだけを完璧にすることはできません。

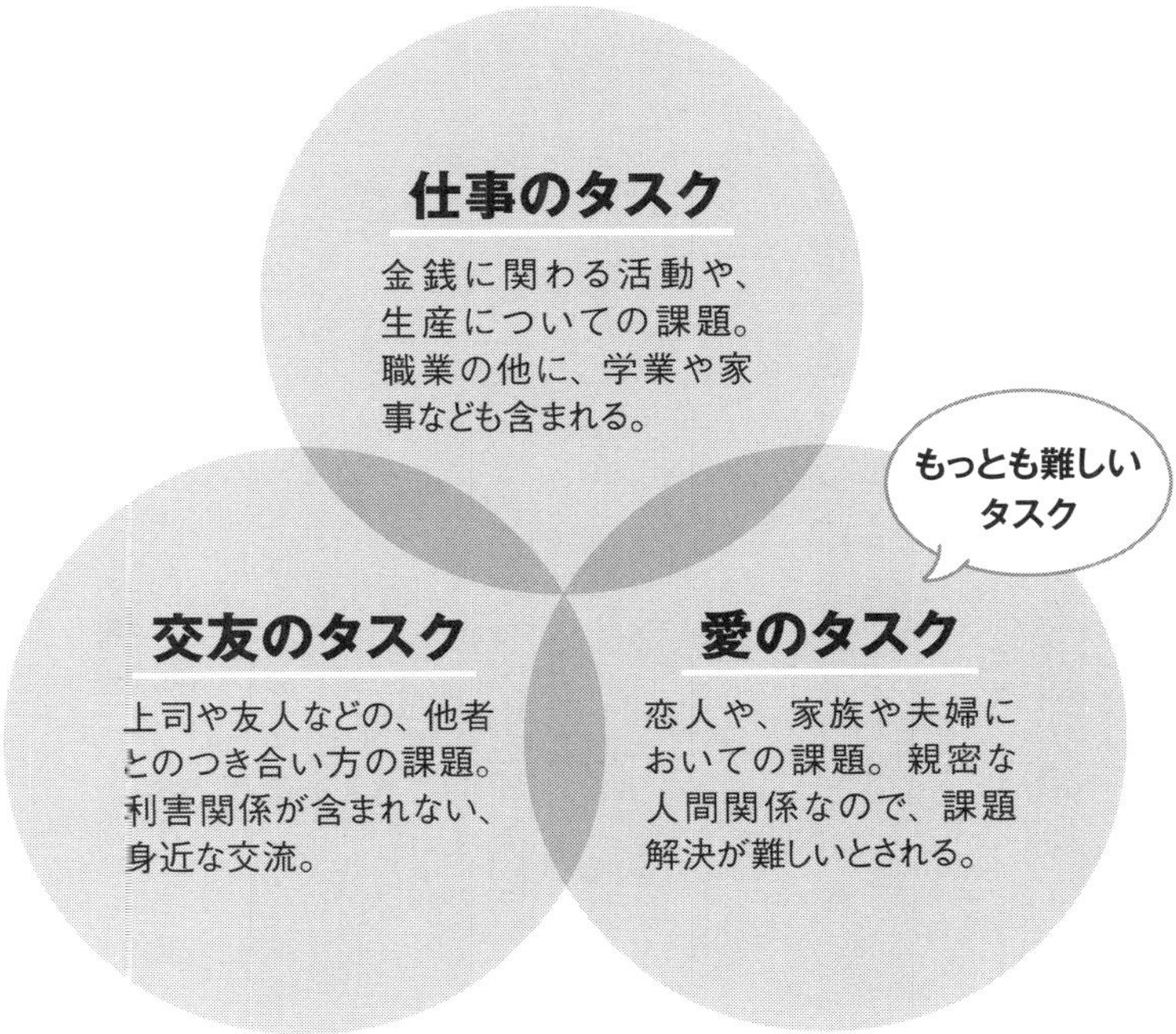

仕事のタスク
金銭に関わる活動や、生産についての課題。職業の他に、学業や家事なども含まれる。
もっとも難しいタスク
交友のタスク
上司や友人などの、他者とのつき合い方の課題。利害関係が含まれない、身近な交流。
愛のタスク
恋人や、家族や夫婦においての課題。親密な人間関係なので、課題解決が難しいとされる。

No.20

ガンになり、余命宣告をされた

平井氏
61歳（既婚）
1年前に定年。現役のころは、観光ホテルのホテルマンをしていた。趣味は、旅行と読書。妻との二人暮らし。

マスター　いらっしゃいませ。

平井氏　…………。

――力なくカウンター席に着く平井氏。

マ　何になさいますか？

平　……いや、今日は、マスターの顔を見に来たんだ。店に来ておきながら悪いんだが、今、酒は飲めなくて。

マ　あ、そうでしたか。私の顔を見に。嬉しいですね。

――カウンターにひじをついたままうつむいている平井氏の目から、涙が落ち始める。

平　なんでだよ……。なんでこうなるんだよ……。

マ ぬるめのお茶、置いておきますね。

平 うっ、うっ、ウアアアアアア！

——コップがたおれ、お茶がこぼれる。

平 あっ。

マ 大丈夫ですよ。

平 すみません、マスター。拭《ふ》いてもらっちゃって、申し訳ない！

マ いえいえ、気にしないでくださいよ。

平 マスター……。実は私、余命がもう、あと半年だって言われたんだ。

マ ……え？

平 肝臓ガンなんだけど、他にも転移が見つかっていて、手術は無理で。

マ そうですか……。

平 抗ガン剤治療はしてて、ガンの進行と、抗ガン剤の効果の競争だから、はっきりとした余命はわからないらしいんだが……、長くないことはたしかなんだ。

マ 平井さんは、ホテルマンを退職されたんでしたよね。

平 うん、去年定年で。これから好きなゴルフも思う存分やって、妻ともいろいろな国へ旅行に行こうと計画していた矢先、人間ドックでガンが見つかったんだ。

マ それまでは大丈夫だったのですか？

平 人間ドックは3年に一度受けていて、特にそれまで異常はなかったんだ……。最近ちょっと疲れやすくて、食欲が落ちてる、くらいの自覚はあったんだけどね。

マ 突然だったんですね。

平 うん。私は、本当に一生懸命働いたんだ。嫌なこともあったけど。歴史あるホテルだから、誇りを持ってがんばっていた。トラブルのときは徹夜もあった。後輩の面倒をみるのは、いつも私の役目で。きつい出張だって進んで引き受けた。家族だって大切にした。世の中には、もっといい加減なやつ、絶対いっぱいいるのに……、なんで私だけ！

マ 平井さんは、ビジネスマンとしても家庭人としても立派な人だと、ずっとお見受けしていました。

平 いや、マスター、申し訳ない。さっきから。今日は比較的調子がいいから、感情が高ぶってるのかもしれない。

マ 抗ガン剤の関係ですか？

平 うん。投与を受け始めて1ヵ月経つんだけど、吐き気とだるさは、たとえようもなくつらいんだ。だけど体調の波があってね。ドン底のときは、外を走る車の音を聞くのでさえも、首を絞められるように苦しい。でも今日みたいに外出できるくらい調子がいい日もあるんだ。

マ　ご自宅にいらっしゃるのですか？

平　医師に頼んでそうさせてもらってる。病院生活は耐えられなくて。

マ　では、ときどきこうして外出を？

平　いや、外出は治療開始以来、今日が初めてだよ。好不調のサイクルにようやく気づいたんだ。それで今日は行けると思って。

マ　そうですか。久しぶりの外出に、ここを思い出してくれたんですね。ありがとうございます。ふだんは奥さんが看病を？

平　うん、そう。妻はがんばってくれてるよ。それなのに、今日私は妻に八つ当たりしてしまった……。何をやってるんだ、私は。

マ　奥さんと旅行を考えてらっしゃったそうですね。

平　そう。だから妻も残念に思っているはずだ。

マ　もう無理なんですか？　これからは体調のいいときに、近場でも、奥さんと一緒に出かけてみては？　旅行とまではいかないかもしれませんが。

平　………。

マ　有明地区に先月できた公園とか。まだ行かれてないのでしたら、いかがですか？

平　まやかしだ……。

マ　え？

平　ずっとこれまで楽しみにしていた退職後の海外旅行が、公園の散歩？　まやかしもいいとこだ！

――頭をかかえ、再びため息をつく平井氏。

マ　大丈夫ですか？

平　……。いや、申し訳ない。マスターに文句言ってるわけじゃないんだ。しかし散歩じゃ、どうにもおさまらないんだよ。長年の夢がもうかなわないという、我が身の不幸を思うと。

マ　はい。もちろん私は余命宣告された経験はありませんから、わかったようなことは言える立場ではないことは承知しております。ただ、そのうえで、厳しいことを言わせていただいてもいいでしょうか。

平　ええ、言ってみてもらえますか。

マ　平井さんは余命宣告を受けたことを、受け入れるしかないんです。

平　そう言ってもね……簡単にはいかないんだよ。

マ 受け入れるための考え方に、心理学者のアドラーが提唱する「**楽観主義**」をおすすめします。

平 楽観？　そんなふうに軽く考えられるわけないじゃないか！

マ いえ、平井さんがおっしゃっているのはおそらく「楽天主義」の考え方ですね。つまり、きっと何とかなるだろうと楽観視して、何の対策もとらない生き方です。

平 そうではないんだな？

マ はい、そうではなく「楽観主義」というのは、**どんな状況でも必ず自分にできることはあると考え、今できることに最善を尽くす生き方**です。

平 なるほどね……。言葉ではわかる気がするけど。

マ 平井さんにとって、遠い未来はないかもしれません。でも、まだこの今も明日も、あるじゃないですか。

平 それはそうだが。

マ 今を生きることに、目を向けましょうよ。幸い、まだこうやって外出できる体なんですから。

平 そうだな。でも、そのうち寝ているしかできなくなるんだな……。

マ そうなったときは、またそのときです。そのときできる、最善のことを考えるんですよ。

平 最善のことねえ……。

マ 今日は私の顔を見に来てくれたとおっしゃっていましたが、他に会いたい人はいませんか？

平 ああ。そういえば、これまで世話になった人がたくさんいるから、その人たちにお礼を言いたいと思っていた。

マ いいじゃないですか。それこそ、今できる最善のことですよ。

平 でも、旅行に行く夢がかなわなかったことはやっぱり……。

マ そうですね。そう簡単には切り替えられませんよね。

平 うん、わかってはいても、これだけはね。

マ 無理にとは言いません。考え方を変えるも変えないも、平井さんの人生ですから。でもアドラーの考え方は、心を楽にしてくれますよ。これだけは本当です。

平 ありがとう、マスターの言葉だって、十分私の心を楽にしてくれてるよ。

Adler's Bar

アドラー心理学講座20

楽観主義

どんな状況でも自分にできることを探し、最善を尽くそうと考えるのが「楽観主義」です。楽観視して、何もしないことではありません。アドラー自身も楽観主義を実践し、困難を乗り越えたというエピソードが残っています。人生、どんなことが起ころうと、楽観主義を貫けば、決して絶望はないのです。

余命宣告を受けても

楽観主義なら……

お世話になった人にお礼を言いに行ったり、近くを散歩したりすることはできる。

〔今できることを考える〕

寝たきりになっても

楽観主義なら……

読書をしたり、横になったまま音楽を聴いたりすることはできる。

楽観主義を実践すれば、何があっても、笑って過ごせる余裕が生まれてくるはずです。

あとがき

アドラーズ・バーのマスターとさまざまなお客さまとの会話、いかがでしたか？

実はこのマスターは、実際にいる人物をモデルにしたわけではなく、私が勝手に想像しながらつくり出したキャラクターです。ただ、あらためてこの本を読んでいると、もうこの本の中では、アドラーズ・バーのマスターという人物が、一人で勝手に動き出しているようですね。私の想像以上にマスターはお客さまの悩みに対応し始めています。

考えてみると、こんなことが起こるのは、この本が少し変わったつくり方をしているせいなのかもしれません。

アドラーは「私の心理学はすべての人のもの」と言ったそうです。そのようなコンセプトのもと、「心理学に最も関心が薄い（と思われる？）中高年〜老年の男性を対象にしたアドラー心理学の本をつくりたい」と企画したのが始まりでした。そこで知り合いの編集者のFさんに相談したところ、「またいろいろ語り合いながら、本をつくりましょう！」ということになり、Fさんたち編集者の方々が私のオフィスを訪れて、ロールプレイをしたり、おしゃべりをしたりしながら取材し、それらをもとに原稿を書くという形で進んでいきました。ざっくばらんにお話ししながら取材を受けることは、私にとってとても楽しい時間で、結果的に20時間以上の時間が、この本の取材のために費やされました。

実は、アドラー自身もおしゃべりが大好きだったのです。ウィーンで自分の診療所を開業していたころ、診療後はウィーンの「カフェ・セントラル」という行きつけのカフェに立ち寄り、仲間たちと会話を楽しんだと言われています。その仲間たちとの会話から自らの心理学の構想を練っていったのです。

このようなエピソードから、私は「アドラー心理学を学んでいくには、ただ本を読んだり、大学などの講義を受けたりという一方向からではなく、人と人との会話の相互作用の中で生まれたものから学ぶことを大切にする」と考えるようになってきました。

この本は私と編集者の方々との会話から生まれたものですから、これを読むことで、読者の頭の中でも会話がすすみ始めると思います。本を通しての自己内対話も、十分にアドラー心理学からのメッセージを受け取れる力になると信じております。この本が「今のあなたにできること」を見つけるヒントになれば幸いです。

２０１８年11月　冬の訪れを感じる頃、爽やかな秋晴れを見つめながら

八巻　秀

監修 八巻 秀（やまき しゅう）
1963年、岩手県生まれ。臨床心理士。駒澤大学文学部心理学科教授。やまき心理臨床オフィス・スーパーヴァイザー。現在、駒澤大学大学院にて臨床心理士養成に携わる一方、やまき心理臨床オフィス（東京都立川市）、駒澤大学コミュニティ・ケアセンターなどで心理臨床活動を行っている。また、家庭裁判所調査官養成課程研修講師、秋田県総合教育センター・岩手県立総合教育センター研修講師なども兼任している。共著に『臨床アドラー心理学のすすめ——セラピストの基本姿勢から実践の応用まで』（遠見書房）など、監修に『アドラー心理学——人生を変える思考スイッチの切り替え方』（ナツメ社）、『おしえてアドラー先生！——こころのなやみ、どうしたらいいの？』（世界文化社）がある。

定年後《ていねんご》の人生《じんせい》を変《か》えるアドラー心理学《しんりがく》
Adler's《アドラーズ》 Bar《バー》へようこそ　The New Fifties

2018年12月13日　第1刷発行

監　修　八巻《やまき》　秀《しゅう》
発行者　渡瀬昌彦
発行所　株式会社講談社
〒112-8001　東京都文京区音羽2-12-21
電話　出版　03-5395-3560
販売　03-5395-4415
業務　03-5395-3615

編集協力　株式会社スリーシーズン（藤門杏子）
原稿執筆　入澤宣幸
装　幀　山原　望
デザイン　有限会社北路社（梅里珠美）
イラスト　小野寺美恵
印刷所　凸版印刷株式会社
本文データ制作　有限会社北路社（梅里珠美）
製本所　株式会社国宝社

ISBN978-4-06-514021-5　N.D.C.146.1 175p 19cm